SPUREN AUF DEM WEG ZUM LICHT

Eileen Caddy

SPUREN AUF DEM WEG ZUM LICHT

Titel der englischen Originalausgabe
Footprints on the Path
Copyright ©1976 Findhorn Foundation

Spuren auf dem Weg zum Licht
Copyright © 1983 der deutschen Ausgabe
Greuthof Verlag und Vertrieb GmbH · Gutach i. Br.
Alle Rechte vorbehalten

Übersetzt von Erika Ballert und Anna-Christine Rassmann
Zeichnungen: Christine Egli
Umschlagfoto: Simon, Sonnenaufgang in ca. 11 000 Meter Höhe
Gestaltung: Simon

ISBN 3-923662-01-7
8. Auflage 1997
Gedruckt auf chlorfrei gebleichtem Papier

Einzelexemplare des Buches können vom Greuthof Verlag bezogen werden für DM 22,00 plus Porto (ab DM 50,– portofrei). Bitte legen Sie Ihrer Bestellung einen Euroscheck bei oder noch einfacher: Geben Sie uns Ihre Bankverbindung zum Lastschrifteinzug an – postwendend schicken wir Ihnen das Gewünschte zu.

Greuthof Verlag und Vertrieb
D 79261 Gutach i. Br.

Gerne senden wir Ihnen unser aktuelles Gesamtverzeichnis zu,
auf Wunsch auch Informationen zu Findhorn.

INHALTSVERZEICHNIS

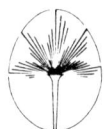

Dieses Buch entstand, als Eileen Caddy, die Mitbegründerin der Findhorn—Gemeinschaft, der Stimme Gottes in sich lauschte und die Worte niederschrieb. Die Stimme war zu einer sehr unglücklichen und unsicheren Zeit vor vielen Jahren zu ihr gekommen, und sie ist über die Jahre hinweg ihr ständiger Begleiter, ihr Ansporn und ihre Hoffnung geblieben.

Die hier verkündeten Botschaften zeigen dem aufnahmebereiten und empfänglichen Leser nichts weniger als einen Weg, wie er sein Leben zielbewußt gestalten und so einen wertvollen Beitrag zum Leben leisten kann.

Ihre Einfachheit kann täuschen, und wer darin erbauliche spirituelle Gedanken oder tiefe philosophische Wahrheiten sucht, verkennt den wahren Wert dieser Botschaften und verfehlt damit einen ungeahnten Reichtum an Leben, Liebe und Weisheit.

Gerade ihre Einfachheit ist ihre größte Herausforderung: wie weit immer jemand auf seinem geistigen Weg vorangekommen sein mag, es findet sich auf jeder Seite, ja fast in jeder Zeile, ein Aufruf, sich mit dieser Art zu leben, die ja die innere, die geistige Verfassung widerspiegelt, auseinanderzusetzen.

Die Botschaften lassen sich nirgendwo fest einordnen, denn sie sind lebendige Wahrheiten und als solche so vielfältig und ineinander verwoben wie das Leben selbst.

Sie sollten deshalb nicht wie allgemeine Erbauungsschriften oder Kurzpredigten gelesen werden, denn eben das sind sie nicht. Es gibt nur eine Art, diese Botschaften richtig zu lesen, nämlich indem man sich klarmacht, daß sie tatsächlich Gottes Worte zu und durch Eileen sind - so wie Eileen sie verstand. Andernfalls lohnt es sich nicht, sie zu lesen.

Wer aber für ihren göttlichen Ursprung offen sein kann, für den werden sie eine ganz einzigartige und wunderbare Sache sein: sie werden wie ein Spiegel sein, in dem er sich selbst erblickt.

Lies jeden Satz so, als sei er direkt zu Dir gesprochen und für Dich gedacht. Überlege, wohin dieser Aufruf in Deinem Leben zielt, und welche Schritte Du in diesem neuen Licht unternehmen kannst.

Wenn Du so vorgehst, Dich nämlich jeweils nur mit einer Botschaft beschäftigst, dann wird jede Botschaft in Deiner Seele ein Fenster zur Ewigkeit öffnen. Jede wird Dir dabei helfen, Dein Leben voller und glücklicher zu gestalten und wirksamer zu dienen. Jede wird ein neuer Schritt zum Erkennen Deiner tiefsten Hoffnungen an das Leben sein und, was noch wichtiger ist, ein Schritt zum Entfalten der größten Fähigkeiten, die in Dir liegen — Gottes höchster Absicht für Dein Leben.

Mit anderen Worten: diese Botschaften können "Spuren auf dem Weg zum Licht" sein, der Dich heimführt zu Gott.

Roy McVicar

VORWORT ZUR DEUTSCHEN AUSGABE

Wir freuen uns sehr, "Footprints on the Path" nun in deutscher Sprache vorlegen zu können. Mit dieser Veröffentlichung möchten wir einen Beitrag zum universellen Verständnis der Botschaft von Liebe und Offenheit leisten. Gottes Stimme spricht zu uns allen; sie kennt keine Sprachbarrieren und keine Grenzen.

Die vorliegenden Verse, von Eileen Caddy als Offenbarung empfangen, sprechen vor allem unsere Bereitschaft zur Veränderung an – unsere Bereitschaft, weiterzugehen auf dem Weg zu Gott, zum Licht. Gerade in dieser Zeit, in der sich mit großer Geschwindigkeit alles wandelt, ist unsere innere Entwicklung mehr denn je von Bedeutung. So will denn "Spuren auf dem Weg zum Licht" seinen Beitrag leisten zu diesem Wandlungsprozeß; möge es Kraft spenden und uns immer wieder ermutigen, den Spuren, den Zeichen, zu folgen – auch wenn der Weg manchmal beschwerlich erscheint.

Wir haben uns bemüht, den Originaltext so zu übersetzen, daß der tiefe Sinn und die Poesie erhalten bleiben. Bei Texten wie diesem ist es besonders schwierig, die zwischen den Zeilen enthaltene Ausdruckskraft zu erfassen und in poetischer Form in eine andere Sprache zu übertragen. Besonderer Dank gilt hier Anna-Christine Rassmann und Erika Ballert, die die vorliegende Übersetzung zusammen ausgearbeitet haben. Durch ihre innere Einstimmung auf den Text und ihre geistige Verbindung zu Eileen Caddy und der Findhorn-Gemeinschaft ist es ihnen gelungen, dieser Aufgabe gerecht zu werden.

Weiterhin gilt unser Dank all denjenigen, die das Entstehen dieser Ausgabe durch ihre Gedanken und ihre Liebe unterstützt haben. Allen, die das Buch in der Hand halten, wünschen wir ein offenes Herz, um die darin enthaltene Botschaft empfangen und weitergeben zu können.

Die Herausgeber
Sommer 1983

Ich sah einen Pfad mit Fußspuren und
hörte eine Stimme, die sprach:
"Folge Mir."
Manchmal war der Weg gerade und eben.
Dann wieder war er holprig, unendlich
gewunden und schwierig. Zeitweise,
wenn Hindernisse zu überwinden waren,
schienen die Spuren ganz zu verschwinden.
Noch immer hörte ich die Stimme:
"Folge Mir. Laß Dich durch die Hindernisse nicht schrecken, denn jedes überwundene Hindernis stärkt Deinen Glauben und Dein Vertrauen in Mich, Deinen
ständigen Wegbereiter und Gefährten."

BEWUSSTWERDEN

Ich nahm ein gewaltiges, zusehends größer werdendes Licht wahr. Es schien sich stetig auszubreiten, wie ein herrlicher Sonnenaufgang.
Ich vernahm die Worte: "Mein Licht leuchtet immer. Werde Dir dessen und seiner vollen Kraft und Herrlichkeit immer bewußt!"
Dann sah ich in großen, feurigen Buchstaben vor mir das Wort

B E W U S S T W E R D E N

Wach auf und lebe.
Steck Deine Ziele hoch,
      je höher, desto besser.
Erwarte die wunderbarsten Dinge,
      nicht irgendwann einmal, nein, jetzt sofort.
Erkenne: nichts ist zu gut.
Laß Dich durch nichts, absolut gar nichts
      auf irgendeine Weise behindern oder aufhalten.

Sei begeistert vom Leben;
   es ist ein wunderbares Leben,
      mach es wunderbar durch Deine Begeisterung.

Lerne, in den Dingen, die Du Dir für Dein Leben wünschst,
ganz klar und entschieden zu sein,
sei niemals unklar oder unsicher.
   Du kannst alles tun,
   Du kannst für alle Menschen alles sein,
    wenn Dein Glaube und Dein Vertrauen in Mir ruhen.
Vertraue darauf, daß Du alles tun kannst,
   denn Du hast Dein ganzes Wesen
   und alles, was Du bist, von Mir.
Ich bin Dein Alles in Allem.

Geh mit festen, stetigen Schritten voran,
und wisse mit tiefer,
             sicherer,
                innerer Überzeugung,

daß Du jedes Ziel erreichen wirst, das Du Dir steckst,
daß Du alles verwirklichen wirst, was Du Dir vornimmst.

Fang heute damit an.
Warum etwas auf morgen verschieben, wenn Du weißt, Du kannst
es heute tun?
Viel zu viele Menschen zaudern
— leiden an ihrer Trägheit,
mit dem Ergebnis, daß nichts getan wird.
Und sie hegen weiter die vage Hoffnung,
daß eines schönen Tages etwas geschehen wird, das ihr Leben
verändert,
daß vielleicht glückliche Umstände eintreten und
sich alles von selbst ergeben wird.
So lebt man kein erfülltes und herrliches Leben
— so unklar und träumerisch.

Unternimm etwas!
Bring die Räder ins Rollen!
Erst wenn Du Deinen Teil getan hast, bekommst Du die Hilfe,
die Du brauchst
— nicht früher.
Ich helfe denen, die sich selbst helfen,
nicht denen, die dasitzen und hoffen, es werde schon etwas
geschehen,
und überhaupt nichts anpacken.

Mit einem Herzen voll Lob und Dank
kannst Du zu den höchsten Höhen emporsteigen;
doch wie die kleine Lerche mußt Du Dich vom Boden
aufschwingen,
diese besondere Mühe mußt Du Dir machen.
Es braucht keine Anstrengung zu sein,
es kann eine fröhliche, leichtherzige Mühe sein,
eine mühelose Mühe.

Wenn Du Dich erst vom Boden erhoben hast,
kannst Du in völliger Freiheit höher und höher steigen.

Warum bleibst Du vor Anker liegen,
wenn doch Dein Handeln Dein Leben völlig verändern kann?

Wenn Du Dir etwas sehnlich genug wünschst, wirst Du es erreichen:
    Du wirst Dich durch nichts aufhalten lassen,
    Du wirst Dich nicht mit einem "Nein" zufriedengeben,
    Du wirst wissen, daß Du mit Mir alles tun kannst.

Wenn ein Flugzeug vom Boden abhebt, braucht es einen
besonderen Kraftschub;
lausche in Dich hinein
und empfange Deinen besonderen Kraftschub, der Dich
                                auf den Weg bringt.

Es gibt keine größere Kraft als Meine Kraft
    und sie steht Dir jederzeit zur Verfügung,
        wenn Du Dich entschließt, daraus zu schöpfen.
Ich verweigere sie niemandem
    der bereit ist,
        der nach ihr verlangt
            und der sie in der rechten Weise nutzt.
Sie ist Dein,
    wenn Du bereit bist.

Überall bist Du von Schönheit umgeben.
Öffne die Augen
    und sieh sie,
        und sei dankbar dafür.

Laß Dich durch die schönen Dinge verwandeln
und zu Deinem Höchsten und Besten inspirieren.
Schönheit läßt das Beste in Dir aufleuchten und läßt Dich
eins werden
mit dem Höchsten.

Die Schönheit in Dir kann nicht verborgen bleiben...
sie will ausstrahlen.
Laß sie sichtbar werden.
Fülle Dein Herz und Dein Gemüt mit schönen Gedanken
und spiegle Mich wider,
denn Ich bin Schönheit.

Suche die Schönheit in allen Dingen,
und wenn Du lange und tief genug schaust, wirst Du sie sehen.
Mache Dich frei von den niedrigen und häßlichen Dingen im Leben,
denn wenn Du über sie hinauswächst,
hilfst Du, sie zu verwandeln.
Schönheit liegt im Auge des Betrachters,
also tief in Dir.
Geh heute hinaus, entschlossen, in allem und jedem
die Schönheit zu sehen,
und Du wirst sie entdecken.

Liebe und Schönheit gehen Hand in Hand.
So laßt Meine allumfassende Liebe frei und durch
jeden von Euch fließen
und Euch zu einer Einheit verschmelzen.

Das geschieht, wenn jeder von Euch
sein Herz öffnet und Liebe verströmt,
denn je mehr Liebe unter Euch herrscht,
desto größer sind Einheit und Eintracht.

Ich sage Euch immer wieder:"Liebet einander."
Das heißt nicht, Ihr sollt Euch nur ertragen
oder krampfhaft versuchen, nett zueinander zu sein;
öffnet einfach Eure Herzen

und füllt sie mit liebenden, schönen Gedanken
und Ihr werdet merken, daß Ihr alle Menschen lieben möchtet,
denen Ihr begegnet,
wer immer das sein mag.

So ist das freie Fließen Meiner allumfassenden Liebe,
die keine Unterschiede kennt;
sie wählt nicht aus und sucht nicht heraus,
wer geliebt wird
und wer nicht.
Meine Liebe ist für alle und jeden gleich;
wieviel Ihr davon annehmen wollt, liegt ganz bei Euch.

Ihr könnt erfüllt sein von Meiner wundersamen Liebe,

oder Ihr könnt Euch vor ihr verschließen,

das liegt einfach nur an Euch.
Sie ist immer da und wartet auf Euch,
wenn Ihr dafür bereit seid.

Genau das geschieht in dieser Zeit:
ein wunderbares Öffnen und Annehmen Meiner Liebe,
die Euch alle näher zusammenbringt
und Euch zu einer Einheit verschmilzt.

Fürchte Dich nicht, diese Liebe zu zeigen;
sie geht über persönliche Zuneigung hinaus,
sie hat ihren Ursprung im Höchsten.

Da gibt es keinen Besitzanspruch,
denn besitzergreifende Liebe erstickt und tötet
und schließt Meine göttliche Liebe aus.
Meine göttliche Liebe wächst und wächst,
sie schließt jeden ein,
sie besitzt niemanden
und doch sind alle eins in ihr.

Sie umhüllt alle, denn sie ist das All-Eine
in allem, alles umfassend.

Lernt, Euer Herz auf der Zunge zu tragen
und schämt Euch nie, Eure Liebe füreinander zu zeigen.

Liebe ist die größte einigende Kraft im Universum,
deshalb
      LIEBT
          LIEBT
              LIEBT.

Erkenne Dein Bewußtsein.
Erkenne, daß Du ohne Alter bist,
      Du bist so jung wie die Zeit,
          so alt wie die Ewigkeit.
Wenn Du voll und ganz im immer gegenwärtigen Jetzt lebst
   bist Du stets so jung wie der Augenblick,
   unaufhörlich wirst Du im Geiste und in Wahrheit neu geboren.

In diesem geistigen Leben kannst Du nicht stehenbleiben;
immer gibt es etwas Neues und Aufregendes zu lernen und zu tun.
In freudiger Erwartung zu leben erhält Dich wach und jung.
Wenn Dein Bewußtsein abstumpft und alt wird
   verliert das Leben all seinen Glanz und seine Lust.
Halte Dich wach und offen, und Du wirst niemals alt.
   Dein Bewußtsein ist der Quell Deiner Jugend;
   Freude am Leben ist das Lebenselixier.

Erwarte nur das Beste im Leben und ziehe es an Dich.
Viele von Euch sind längst schon mit dieser Theorie einverstanden,
doch sie haben versäumt, sie ins Leben umzusetzen
    und sie so lebendig zu beweisen.
Du kannst sofort damit anfangen!
    Hör auf, darüber nachzudenken
      und darüber zu reden.
Immerfort dränge Ich Dich, zu leben;
wieder und wieder bitte Ich Dich, wirklich ganz lebendig zu leben.
Wenn Du es leid bist, immer wieder dieselben Dinge zu hören,
    warum veränderst Du dann nichts?

Ehe nicht jeder von Euch diese lebenswichtigen Lehren
                        in sich aufgenommen hat
    und sie untrennbarer Teil von Euch geworden sind,
    in Euch leben, sich in Euch bewegen,
    und ihr Sein in Euch haben,
    solange muß Ich sie immer wiederholen.

Wenn Du ein Kind etwas lehrst,
    mußt Du ihm dieselbe Sache unendlich oft zeigen,
    Du mußt ganz geduldig warten,
während es ungeschickt versucht, es selbst zu tun.
Das Kind scheint zwei linke Hände zu haben,
    aber wenn Du ihm nicht erlaubst, die Sache selbst zu versuchen,
      wird es sie niemals lernen.
Vom bloßen Zusehen lernt das Kind nie.
Nur das in seiner ganzen Fülle gelebte Leben ist wirklich effektiv
    — und Du mußt es leben;
niemand anderer kann das für Dich tun.

Sei immer bereit zu lernen,
       das Neue anzunehmen;
verschließe Dich nie und lehne es nicht ab,
nur weil Du es nicht verstehst.
Öffne Dich,
    und laß das Neue sich Dir zeigen,
      und sei stets bereit, ihm auf halbem Weg entgegenzugehen.

Ein verschlossener Geist gelangt nirgendwo hin;
Du kannst nicht wachsen und weiter werden,
wenn Du Dich verschließt.
Jedes Ding hat zwei Seiten;
lerne, tolerant zu sein,
versuche, beide Seiten zu sehen.

"Richtet nicht, damit Ihr nicht gerichtet werdet;"
verurteilt nicht, damit Ihr nicht verurteilt werdet.

Sei ein guter Zuhörer.
Einen guten Zuhörer mag jeder.
Solange Du Dir nicht Zeit nimmst, anzuhören, was einer zu
                                                sagen hat,
solange kannst Du ihm auch nicht helfen.

Wenn Du eine neue Wahrheit nicht verstehst
    und Du bist ganz still
    und läßt Dein Bewußtsein weit werden,
dann wird es Dir gelingen, in den unendlichen,
    allumfassenden Geist einzutauchen
        und mit Ihm eins zu werden,
            mit Mir,
und Du wirst alles verstehen können.

Freue Dich
und sei voll Dankbarkeit,
denn das Beste steht noch bevor.

Tag
  für
    Tag
überschütte Ich Dich mit Meinen guten und vollkommenen Gaben.
Du bist vom Besten umgeben, das es im Leben gibt.
  Deshalb öffne Deine Augen,
    sieh Meine Wunder
      und erkenne, wie unendlich gesegnet Du bist.

Hör auf, Dein Los zu beklagen,
  hör auf, auf die negative Seite Deines Lebens zu starren;
    richte Deine Gedanken ganz fest auf die wunderbaren Dinge,
    bis sie Wirklichkeit werden,
    bis sie Teil Deiner selbst sind.

Nimm die Scheuklappen ab,
sieh die Wunder des Lebens
und erkenne, daß Du ein Teil davon bist,
daß Du in ihnen lebst, Dich bewegst und Dein Sein in ihnen hast.

Laß es Dir einfach zur Gewohnheit werden,
Dich dem Leben im rechten Sinne zu nähern,
  voll Freude,
  voll Erwartung,
  mit dem festen Glauben, daß nur das Beste für Dich bestimmt ist.
Immer und immer wieder habe Ich Dir versichert, daß Ich nur das
                Beste für Dich will.
Warum kannst Du das nicht glauben
und aufhören, Dich mit dem Zweitbesten zufriedenzugeben?

Ich sage Dir, nur 'irgendwas' zu wollen ist nicht genug.
  Wenn Du Dich zu so halbherzigem Denken entschließt,
    wirst Du auch nur 'irgendwas' an Dich ziehen,
    aber genau das will Ich nicht für Dich.

Ich will, daß Du nur das Allerbeste im Leben hast,
   und wenn Du erst gelernt hast, die wichtigen Dinge des Lebens
an die erste Stelle zu setzen,
      wird das Allerbeste Dein eigen sein,
         denn Ich weiß, Du wirst es zum Wohle des Ganzen
                                             gebrauchen
            und zu Meiner Ehre.

Ich will nicht, daß Du mit einer schweren Last auf den Schultern
                                             durchs Leben gehst,
niedergedrückt von den Sorgen der Welt.
Ich brauche Dich frei,
damit Ich in Dir und durch Dich wirken kann.
   Hör auf, Dich zu sorgen.
   Wirf all Deine Nöte und Lasten auf Mich,
      denn Du hilfst niemandem, wenn Du Dich sorgst.

Wo liegt Deine wahre Sicherheit?
Du mußt Dir über die rechten Werte klarwerden.
Was nützt es, viele Stunden zu meditieren,
wenn Du niedergedrückt durchs Leben gehst?
   Du mußt vollkommenes Gleichgewicht finden,
   Dein Bewußtsein zu den höchsten Höhen erheben
   und es in Dein tägliches Leben einbringen können.
LEBE DAS LEBEN!

"Das Königreich des Himmels ist in Dir."
Es wartet nur darauf, daß Du es erkennst.
   Das mußt Du wissen,
               glauben
                  und dann verwirklichen.
Das Königreich des Himmels ist ein Bewußtseinszustand;
jeder muß es suchen und kann es finden.

Jede Seele muß sich danach sehnen, ehe sie es findet.
Zuerst muß das Verlangen da sein
und es muß so stark sein, daß ihm nichts im Wege stehen kann.
Du vermagst alles, wonach Du ernsthaft verlangst.

Achte darauf, daß all Dein Wünschen sich einzig auf das Höchste
richtet,
damit es dem Ganzen zum Wohle gereicht,
nicht nur Deinem kleinen Ich.
Laß Dein Bewußtsein in Mir ruhen und alle Deine Wünsche
werden rein und selbstlos sein.

Lerne, Deine Gedanken zu ordnen und zu beherrschen
— das mußt Du unbedingt im Leben erreichen,
wenn es Dir auch am Anfang sehr schwer fallen mag.
Gib niemals auf,
sei geduldig
und beharrlich,
und schließlich wirst Du bei
jedem Gedanken,
jedem Wort
und jeder Tat
diszipliniert sein können und sie unter Kontrolle haben,
und Du wirst die wunderbarsten Dinge verwirklichen.

Du wirst Wunder über Wunder erleben,
weil Du mit Meinen Gesetzen arbeitest
und nicht gegen sie.

Wenn Ihr in Eurem Leben etwas vollbringen wollt,
dann ist dies das Geheimnis dabei:
    zuerst ein inniger Wunsch, es möge gelingen;
    dann Glaube und Vertrauen, daß es gelingt;
    diese deutliche und klare Vorstellung haltet dann in Eurem
                                        Bewußtsein fest
    und seht ohne den leisesten Zweifel oder Unglauben,
    wie sie sich Schritt um Schritt verwirklicht.
Eure positive Einstellung ist entscheidend wichtig bei allem,
                                        was Ihr tut.
Wenn Ihr Euch entschließt, etwas zu unternehmen
    und es mit ganzem Herzen,
        vollkommen
            und mit Liebe tut,
dann kann nur Wunderbares daraus entstehen.

Fang sofort damit an, alles, was zu tun ist,
in der rechten Haltung und Gesinnung zu tun und schau,
was dabei herauskommt.
Wenn Du siehst, daß alles wirklich gut gelingt,
vergiß nie, zu danken,
denn Dankbarkeit hält die Tür weit offen
und läßt mehr und mehr in Deinem Leben gelingen.

Wenn Du anfängst, alles selbstverständlich zu nehmen,
dann schwindet alle Freude aus Deinem Leben,
und die Tür schließt sich.

In diesem Augenblick hältst Du am besten schnell inne
    und nimmst Dir Zeit,
        alles Gute zu bedenken, was Dir widerfahren ist,
            und Du wirst erkennen, wie unendlich gesegnet Du bist
            und dann Dank sagen.
Das wirkt wie Zauberei im Leben eines jeden.

Warum versuchst Du es nicht gleich das nächste Mal,
wenn das Leben anfängt

Dir grau zu erscheinen,
                 uninteressant
                      und langweilig?
Dann siehst Du, wie sich alles verwandelt.

Je eher Du einsiehst, daß das Leben wirklich das ist,
was Du daraus machst,
desto schneller wirst Du die gewünschten Ergebnisse erzielen,
und Deine ganze Einstellung wird sich zum Besten verändern.

Ihr müßt alle lernen, echte Optimisten zu sein
und nur das Beste zu erwarten bei allem, was Ihr unternehmt.
Wißt, daß Ihr es vollkommen tun könnt und tun werdet,
    daß nichts Schlampiges in Eurer Arbeit und in Eurem Leben
                                              sein wird.
Tut es einfach für Mich
    und zu Meiner Ehre.
        So werdet Ihr alles mit Liebe tun
            und deshalb in wahrer Vollkommenheit.

Dies gilt auch für Euer Aussehen
                und für Euer Verhalten.

Wenn Ihr alles für Mich tut,
wenn es Euer innigster Wunsch ist, Meinen Willen zu tun,
              weil Ihr Mich liebt,
    werdet Ihr stets alles gut verrichten wollen;
        Ihr werdet immer so gut wie möglich aussehen
            und Euer Bestes geben wollen,
                und Ihr werdet Euch niemals mit weniger
                zufrieden geben
                oder etwas halbherzig beginnen.

Ihr müßt Euch ab und zu die Zeit nehmen,
        zu sehen, wo Ihr Euch ändern müßt
            und dann bereit dazu sein.
Wenn Ihr irgendwo einen wunden Punkt habt,
nehmt es an, wenn Euch jemand darauf aufmerksam macht,

und nehmt es niemals übel,
denn was in Liebe getan wird, kann nur zum Besten sein.

Lernt, Euch zu ändern
und ändert Euch schnell,
        ohne Rückfälle,
und wißt, daß jede dieser Änderungen wirklich zum Besten ist.

Entspanne Dich,
        laß los
        und laß Mich das Steuer übernehmen,
denn je verkrampfter und angespannter Du bist,
desto weniger schaffst Du.

Überlaß Dich dem Rhythmus der Natur,
        der Bewegung von Ebbe und Flut,
        und tu, was zu tun ist, ganz einfach,
                natürlich und freudig.

Warum lebst Du nicht freudig,
        anstatt mit grimmiger Entschlossenheit durchs Leben zu gehen
        und Dich zu diesem und jenem zu zwingen,
                ohne jede Freude und Liebe?

Das Leben ist wirklich wunderbar
        wenn Du die rechte Einstellung dazu hast,
        in Harmonie mit ihm bist
        und aufhörst, Dich allem zu widersetzen.

Habe Ich Dir nicht gesagt,
wenn Du Dir etwas so recht von Herzen wünschst,
kannst Du es verwirklichen?
Achte aber darauf, daß Dein Verlangen sich auf etwas richtet,
das zum Wohle des Ganzen dient,
   und hör auf mit Deinem eigennützigen Denken und Tun,
      denn wenn Deine Motive selbstsüchtig sind,
         dann kann nichts Gutes bei Deiner Sehnsucht
                  herauskommen.

Wenn Du etwas anfängst,
         ganz gleich, was es ist,
tue es mit ganzem Herzen
      oder überhaupt nicht.
Das ist so entscheidend wichtig.
So viele verrichten eine Arbeit nur, weil sie meinen,
es müsse halt sein
und dann wundern sie sich, wenn ihr Leben düster und fade ist.

Das ist kein Leben,
   das ist bloßes Existieren
     und diese Art von Leben wünsche Ich Dir nicht.

Es ist nicht das volle, herrliche Leben, von dem Ich Dir immer
wieder erzählt habe
   — das Leben, das Ich Dir als Dein wahres Erbe versprochen habe.
Wenn Du aber dieses, Dein wahres Erbe, nicht in Anspruch nimmst,
so bist Du selbst daran schuld.

Beanspruche, was Dir zusteht
   und sag immer Dank dafür,
     und lebe und bewege Dich mit Deinem ganzen Sein darin.

Hör auf, davon zu reden,
   hör auf, darüber zu hören,
     nimm es einfach an.
      ES IST SO EINFACH.

Warum machst Du Dir selbst alles so schwer?
Warum gehst Du in Sack und Asche,
wenn doch alle Meine guten, vollkommenen Gaben Dein sind?

Wie töricht kannst Du doch sein,
  wie blind und eigensinnig,
    daß Du die guten, vollkommenen Gaben verweigerst,
    die Dir gehören.

Wieviele stolpern so durchs Leben,
  weigern sich einfach, ihre Augen zu öffnen
und können deshalb alle Meine Wunder und Schönheiten ringsum
nicht sehen.

Weshalb machst Du den heutigen Tag nicht zu einem besonderen
                                                              Tag?
    Sieh wirklich nur das Beste in allem,
    sei dankbar für alles,
    freu Dich an allem
        — es ist der Freude wert.

Ich möchte so gerne, daß Du Freude am Leben hast,
warum willst Du nicht?
Beginne, indem Du all die Schönheit der Natur um Dich herum
                                                            siehst,
    und Du wirst erleben, wie ein wunderbares Ding dem anderen
                                                            folgt,
        bis Dein ganzes Leben ein einziges Wunder und
        eine einzige Freude ist.

" Durch die Erneuerung Deines Bewußtseins wirst Du verwandelt."

Je positiver und aufbauender Dein Denken ist,
desto harmonischer wird Dein Leben verlaufen.

Vergiß niemals:
was Du tief in Dein Inneres hereinläßt,
   das wird auch herauskommen.
Wenn Du also Deinen Geist mit zerstörerischen,
      mißmutigen,
         unzufriedenen,
            disharmonischen Gedanken füllst,
werden genau solche wieder zum Vorschein kommen,
denn was eingelassen wird, muß früher oder später wieder
                              ans Licht kommen.

Wenn Du Dich mit den Dingen des Geistes füllst
   und von der Ebene des Geistes aus handelst,
      wird das, was des Geistes ist,
      sich in Deiner Lebensweise offenbaren.

Hebe Dein Bewußtsein,
   halte es weit offen,
      laß es nie in den Schmutz hängen,
denn je mehr Plunder und wertloses Zeug Du in Dir ansammelst,
desto schwieriger wird es, es wieder loszuwerden.

         Wandelt im Licht und strahlt Licht aus.
         Füllt Eure Herzen mit Liebe und strahlt Liebe aus.

Mach es Dir zur Gewohnheit, bei all den herrlichen Dingen
des Lebens zu verweilen
   und in allem und jedem das Beste zu sehen.
      Weigere Dich einfach, Dich mit niederdrückenden Dingen
                              abzugeben,
         sondern erhebe Dein Denken,
laß es höher und höher steigen wie die kleine Lerche,
   und singe Dein Lob- und Danklied für all das Wunderbare,
      das Dir zuteil wird.

Je dankbarer Du bist,
je positiver Deine Einstellung ist,
desto höher kannst Du Dich aufschwingen.
Die negativen Dinge sind es, die Dich hinunterziehen;
das Positive, Aufbauende, trägt Dich höher und höher.

Versäume nie, für alles zu danken,
für jede Lehre, die Dir zuteil wird, ganz gleich, wie schwer sie ist;
erkenne, daß nur das Beste daraus entstehen kann,
daß jede Schwierigkeit nur ein Stein auf dem Weg ist,
auf den Du Deinen Fuß setzen kannst.

Es gibt wichtige Lektionen zu lernen
und je früher Du sie lernst, desto besser.
Versuche nie, sie aufzuschieben,
oder zu umgehen,
sondern überlege, wozu sie gut sind
und gehe sie an.

Bewältige sie schnell;
Schnelligkeit ist wesentlich dabei:
es wartet noch vieles auf die, die sich überwinden können.

Sei doch nicht wie eine Grammophonnadel, die in der Rille hängt
und dieselben Fehler immer und immer wiederholt.
Das ist nicht notwendig.
Es ist an Dir, etwas dagegen zu tun,
niemand kann es Dir abnehmen.

Wenn Du Dich wirklich ändern willst, kannst Du es.
Wenn Du wirklich anders werden
und ein erfolgreiches Leben führen willst,
brauchst Du Dich nur fest dazu entschließen,
und Du wirst sehen, es geht.
Weshalb fängst Du nicht auf der Stelle damit an,
das Beste im Leben zu sehen,
und so die Freude am Leben zu haben,
die es verdient?

Hast Du echte Freude an Deiner Arbeit
    und an dem Leben, das Du führst?
Bist Du wirklich stolz, wenn Dir eine Arbeit
    nicht nur gut, sondern vorzüglich gelungen ist?
Hast Du eine Abneigung gegen alles,
    was schlampig oder halbherzig getan wird?
Bist Du bei allem, was Du tust, mit ganzem Herzen dabei,
ist Dir bewußt, daß Du alles für Mich tust,
zu Meinem Ruhm und zu Meiner Ehre,
so daß Du mit nichts zufrieden sein kannst,
was nur so nebenbei erledigt wird?
So aber sollte es sein:
    Du solltest nie mit einer halbverrichteten Arbeit zufrieden sein,
    oder einer, die halbherzig oder widerwillig getan wurde.
Tu alles, was zu tun ist, mit Freude und Liebe,
    wirklich alles.
von der alltäglichsten Handreichung bis zu den ganz
                        lebenswichtigen Dingen.

Achte bei allem, was Du unternimmst,
auf die rechte Einstellung.
damit die richtigen Schwingungen hineinfließen.

Viele Menschen erkennen noch nicht, wie wichtig diese
                        Schwingungen sind.
Nur weil sie mit bloßem Auge nicht zu sehen sind,
meinen sie, sie seien ohne Bedeutung.
Ich sage Dir, sie sind das Wichtigste:

eine Arbeit nämlich, die mit ganzem Herzen und mit Liebe
verrichtet wird,
birgt etwas ganz Wunderbares in sich,
das spürt jeder, der empfindsam ist und Schwingungen
wahrnimmt.
Deshalb solltest Du bei all Deinem Tun die rechte Einstellung
haben.

Wenn Du wieder einmal eine Arbeit anfängst
und fühlst keinen inneren Einklang mit ihr,
dann nimm Dir Zeit, Dich zu besinnen und zu Dir selbst zu
kommen,
und bring Dich in Einklang, ehe Du weitermachst.
Denke dabei nicht so sehr an Dich und wie Du Dich fühlst,
sondern an alle die, die vielleicht mit dem, was Du tust,
in Berührung kommen,
und wie sie sich dabei fühlen werden.
Du wirst merken, wie sich Deine Einstellung verändert,
und Du wirst ganz anders an die Arbeit herangehen können.
Was noch wichtiger ist: Du wirst Freude an Deinem Tun finden,
und es nicht mehr als langweilige Pflicht ansehen.

Lerne, mit dem ganzen Leben in Harmonie zu sein,
völlig darin aufzugehen,
um das Wunder des Einsseins mit allem, was Du sagst,
tust und denkst, zu spüren und zu erkennen.

Je mehr Du Dir Deiner Einheit mit Mir bewußt bist,
desto mehr wirst Du mit allem Leben in Einklang sein.

Du mußt Dich einstimmen;
das kommt nicht einfach von selber, besonders,
wenn Du nicht im Einklang warst.
Wenn ein Musikinstrument verstimmt ist,
muß man sich die Zeit nehmen, es wieder zu stimmen;
wenn Du verstimmt bist,
nimm Dir Zeit, Dich wieder einzustimmen,
so daß nichts in Dir bleibt, was einen falschen und
disharmonischen Ton gibt.

32

Entspanne Dich
und wisse, alles hat seine Zeit.

Jeder hat gleich viel Zeit zur Verfügung;
worauf es ankommt, ist nur, wie Du sie nutzt.
  Schöpfst Du sie voll aus
  und freust Dich an jedem Augenblick,
  oder verschwendest Du die Zeit, in dem Du das
    Wichtigste nicht an erste Stelle setzt?
Als erstes mußt Du Prioritäten setzen
und ohne den geringsten Zweifel wissen, was für Dich
    vor allem anderen kommt.

Hör auf, Sklave der Zeit zu sein.
Nimm sie stattdessen in Deinen Dienst,
  dann wird sie niemals Dein Herr sein, sondern
  Du wirst sie beherrschen.

Du kannst immer nur eine Sache auf einmal machen,
das mußt Du einsehen und akzeptieren;
    mach sie vollständig und gut,
    und dann erst wende Dich der nächsten zu.

Versuche nie, zu weit voraus zu planen,
    damit erschöpfst Du Dich nur.
    Du kannst nur diesen einen Augenblick wirklich leben.
Wenn Du Pläne für eine allzu ferne Zukunft schmiedest,
dann bist Du vielleicht enttäuscht,

wenn alles anders kommt, als Du es Dir vorgestellt hast.

Vieles verändert sich in sehr kurzer Zeit;
bei Deinem Pläneschmieden weißt Du nichts von diesen
Veränderungen,
und Du kannst sie nicht mit einbeziehen.

Das Beste ist, wenn Du voll und ganz im Augenblick lebst
und die Zukunft für sich selbst sorgen läßt;
wenn die Zeit dafür reif ist,
wird sie sich wie eine Knospe vor Dir öffnen.

Jeder Augenblick ist kostbar,
deshalb verschwende ihn nicht mit falschem Denken und Handeln.
Tu was getan werden muß,
und tu es gleich
und in dem Wissen, daß nur das Beste daraus entstehen wird.

Lerne, aus unmittelbarer Eingebung und spontaner Einsicht zu
leben
und aus ihnen heraus zu schaffen,
und Du wirst die verblüffendsten Dinge erleben.
Wenn Du nämlich immer aus dem Geiste lebst,
kann jederzeit alles geschehen.
Erwarte deshalb Wunder über Wunder,
erkenne in allem Meine Hand,
und sei Mir ewig dankbar.
Erwarte einfach das Unerwartete,
und wundere Dich über nichts.

Ihr seid hier, um die wunderbarsten und ungewöhnlichsten Dinge
zu bezeugen, denn Ihr lebt nach Meinen göttlichen Gesetzen und
macht sie offenkundig.

Vergeßt das niemals.
Laßt Meine Wunder sich in allem entfalten,
und fürchtet Euch vor nichts.
Furcht ist Euch hinderlich,
und nichts und niemand soll Euch hindern können.

34

So vieles möchte offenbar werden,
und Meine Offenbarungen brauchen Kanäle.
   Ihr alle seid Meine Kanäle,
   deshalb öffnet Euch,
   und laßt Mich in Euch und durch Euch wirken.
Jeder bekommt seinen ganz speziellen Platz in dem großen Puzzle,
und wenn alle Stücke zusammengefügt sind,
werdet Ihr das Ganze erblicken.

Es sind nicht nur wenige, denen alles enthüllt wird;
   Ich brauche Euch alle, bereit, Euren Teil in Empfang zu nehmen.
   Deshalb verschließt Euch nicht vor Mir,
sondern seid bereit, Meine Werkzeuge zu sein.

Versuche niemals, eine Entwicklung zu verhindern,
versuche nie, den Lauf der Natur aufzuhalten.
   Wenn Du durch den Garten gehst
   und siehst die Pracht und Schönheit der Frühlingsblumen,
dann verschwende nicht die Zeit damit, zu wünschen,
sie mögen nie aufhören zu blühen, damit Du immer Freude an
                                          ihnen hast.

Alles hat seine Zeit.
   Laß los,
      laß den Wechsel um Dich herum zu,
      versuche nicht, ihn aufzuhalten,
      denn wenn die Krokuszeit vorüber ist,
kommt die Zeit der Blüte für etwas Anderes, ebenso Schönes.

Schau die Wunder der Natur und sei dankbar dafür.
In der Natur siehst Du Mich:
  im Wachsen der Bäume,
  in den Farben der Blumen,
  im Duft der Rose
— Ich bin in allem. Sei Dir dessen stets bewußt.
In der Schönheit und Form eines Steines,
in einem winzigen Sandkorn,
in der Majestät der Berge;
ICH BIN DA.

  Fließe mit dem Rhythmus der Natur;
  werde eins mit allem, was Dich umgibt.

Sieh in allem nur das Beste,
und Du wirst Dich vom Besten umgeben finden,
denn Du wirst es an Dich ziehen wie ein Magnet den Stahl.
Gutes zieht Gutes an,
                und Böses Böses.
Fülle Dein Leben mit Güte,
              mit Wahrheit,
                mit Liebe,
                  mit Verständnis,
sodaß für etwas Gegenteiliges kein Platz bleibt,
und fange gleich JETZT damit an.

Ich sage Dir: verschiebe nie auf morgen, was Du heute tun kannst.
Um etwas Notwendiges zu tun gibt es keine bessere Zeit als das
immer gegenwärtige, herrliche JETZT.
  Fürchte Dich nie, dem Leben gegenüberzutreten;
  fürchte Dich nie, Fehler zu machen,
solange Du aus ihnen lernst und entschlossen bist,
dieselben Fehler nicht noch einmal zu machen.

Finde heraus, welches Dein Weg ist,
  und dann mach Dich auf,
    mag kommen, was will.
Laß Dich durch nichts aufhalten.

Wenn Du zu etwas wirklich entschlossen bist,
findest Du immer einen Weg.

Sei in allem klar und eindeutig.
Du wirst nichts erreichen, wenn Du unklar und unschlüssig bist.

Wenn Du Dir des nächsten Schrittes nicht ganz sicher bist,
 dann eile nicht weiter,
  sondern nimm Dir Zeit, stille zu sein,
   und warte — warte lange, wenn es nötig ist,
    bis Du durch Mich klar erkennst,
     welches Dein nächster Schritt ist.
Und dann geh weiter,
und tu ohne Zögern was zu tun ist.

Vertrödle Deine Zeit nie mit Tagträumen,
das führt zu nichts.
In Deinem Leben gibt es einen vollkommenen Plan,
einen roten Faden;
nimm Dir nur die Zeit, stille zu sein, und Du wirst ihn finden.
Laß das Licht der Wahrheit Deinen Weg erhellen,
damit Du Dich nicht verirrst oder irregeführt wirst.

 Laß Mich jeden Deiner Schritte führen und lenken.
 Setze Deinen ganzen Glauben und Dein Vertrauen in Mich.

Wie stark ist Dein Glaube?
Wie unerschütterlich?

"Nach Eurem Glauben wird Euch geschehen."

Ist er wirklich stark genug, so wird alles möglich,
absolut alles.

Glaube ist nicht irgendetwas, über das man diskutiert;
    er muß gelebt werden,
    er muß durch Euer Leben bezeugt werden,
"denn Glaube ohne Taten ist tot."

Was bedeutet es für Dich, aus dem Glauben zu leben?
Worauf beruht Deine Sicherheit?

    Ist sie von Menschen abhängig?
    Oder von Deinem Bankkonto?
    Oder ist sie fest in Mir verwurzelt und verankert?
Nimm Dir Zeit, darüber nachzudenken,
und Du wirst ohne den geringsten Zweifel wissen,
worauf Deine Sicherheit und Dein Vertrauen beruhen.

Kannst Du freudig und furchtlos in Deinem Leben
einen großen Schritt vorwärts tun,
    ohne jede sichtbare äußere Sicherheit?
Wenn Du überzeugt bist, etwas sei richtig,
    kannst Du es dann ohne Zögern tun?
Kannst Du vertrauensvoll Deine Hand in Meine legen
    und sagen: "Dein Wille geschehe"
        aus ganzem Herzen und mit voller Seele,
und dann den Schritt ins Ungewisse wagen, bereit,
alles anzunehmen, was kommt?

Es gibt nur einen Weg, um Deinen Glauben aufzubauen.
    Du mußt erst die ganz kleinen
        und zögernden Schritte tun,
        und dann größere,

bis Dein Glaube so stark ist, daß Du bedenkenlos
ins Unbekannte springen kannst,
weil Du weißt, daß Ich immer bei Dir bin,
weißt, daß Ich Dich führe und lenke,
und vor allem, weil Ich für Dich an erster Stelle stehe
und weil Du weißt, daß Ich Dich nie im Stich lasse.

Warum fängst Du nicht gleich jetzt an,
nach diesen Gesetzen zu leben,
hörst auf, darüber nachzudenken
    und darüber zu reden,
        und setzt sie wirklich in die Tat um?

Zeige, daß es funktioniert,
    damit alle in Deinem Leben und in Deiner Lebensweise
    Meine Hand sehen und erkennen können.
Tu alles zu Meinem Ruhm und zu Meiner Ehre,
und sei ewig dankbar.

Der Mensch lebt nicht vom Brot allein,
    sondern von Meinem Wort,
        und von Meinen Verheißungen,
die sich immer erfüllen, wenn Du Mich an die erste Stelle setzt,
und wenn Du an Mich glaubst und Mir und den geistigen Wegen
                             vertraust,
nicht aber den Wegen der Menschen.

Du kannst nicht zum Glauben kommen, ohne etwas dafür zu tun.
Du kannst nicht nach dem Glauben eines Anderen leben.
Jeder Einzelne muß ihn ganz persönlich und in seinem Inneren
                             entwickeln.

Du erreichst den Gipfel des Berges nicht, indem Du
unten stehst und hinaufschaust.
    Du mußt hinaufklettern,
        Du mußt den Gipfel erreichen wollen.
In Dir muß ein brennendes Verlangen danach sein,
dann kannst Du alles in die Tat umsetzen.

So ist das mit dem Glauben.
  Du mußt etwas dazu tun, daß er sich entfaltet,
  Du mußt ihn auf die Probe stellen.
Wenn Du einmal fällst,
  mußt Du bereit sein, Dich wieder aufzuraffen
  und immer weiter zu gehen
    in der Gewißheit,
daß Du es schließlich schaffen wirst, komme was mag.

DAS IST GLAUBE.

Erhebt Eure Herzen und sagt Dank für alles.
Sagt Dank füreinander,
  für die Gemeinschaft,
  für alles, was Ihr lernt,
  fürs Zusammensein und fürs Einswerden als eine große Familie.

Dankt für die Liebe und das Verstehen unter Euch,
  dafür, daß Ihr gleichgesinnt seid,
  für das Wissen, daß Ihr alle demselben Ziel zustrebt,
    auch wenn Ihr verschiedene Wege geht.

Dankt für die Einheit in der Vielfalt,
  für die Liebe, die beständig unter Euch herrscht,
  und wißt, daß Liebe alle Schwierigkeiten und
  alle Mißverständnisse überwindet
  und Euch vereint.

Dankt für das Leben,
   für jeden Atemzug,
   für alles, was Ihr tut.

Fürchtet nichts.
   Wenn Liebe Euch verbindet, gibt es nichts zu fürchten,
   denn vollkommene Liebe schließt alle Furcht aus.
   Wo Liebe ist, da ist auch völliges Verstehen.
Deshalb liebet einander.

Ich kann Euch nur raten, einander zu lieben,
aber Ihr müßt es tun.
Ihr könnt lieben,
   wenn Ihr Euch einander zuwendet
      und zu verstehen sucht, was im Anderen vorgeht.
Jeder sollte versuchen, des Anderen Motive zu ergründen,
   nicht kritisierend und bewertend,
      sondern einfach aus herzlichem Interesse aneinander
         und mit dem Wunsch, zu helfen,
            wo immer es möglich ist.

Liebe durchbricht alle Schranken
und fließt als gleichmäßiger Strom zwischen Euch allen,
ohne Auf und Ab, ohne Vorliebe und Abneigungen.

Du sollst die Liebe niemals an- und abdrehen wie einen
                                          Wasserhahn.
Wenn Du liebst,
   liebe aus ganzem Herzen,
      und scheue Dich niemals, Deine Liebe zu zeigen.

Liebe läßt sich nicht verbergen;
   alle sollen sie sehen und daran teilhaben können.
Laß Deine Liebe wie ein offenes Buch sein,
in dem jeder lesen kann.
Warum solltest Du Dich Deiner Liebe schämen?
Sie ist das Wunderbarste im Leben,
   deshalb lasse diese göttliche Liebe in Dir ungehindert fließen.

Liebe weckt Liebe.
Liebe ist nicht blind.
sie sieht nur das Beste in dem Geliebten und lockt es
dadurch heraus.

Wähle niemals kritisch aus, wen Du wohl lieben möchtest.
Halte einfach Dein Herz offen
und umschließe Alle gleichermaßen mit Liebe;
so liebst Du mit Meiner göttlichen Liebe;
sie ist wie die Sonne,
die in allem scheint.

Liebe schließt niemanden aus,
will niemanden besitzen,
denn wenn Du etwas Wunderbares und Aufregendes gefunden hast,
willst Du es teilen,
nicht aber verstecken
oder krampfhaft für Dich behalten.

So ist das mit der Liebe.
Halte sie fest,
und Du wirst sie verlieren.
Mach auf,
laß sie fließen,
und sie kehrt tausendfach zu Dir zurück
und wird zur Freude und zum Segen aller,
die daran teilhaben.

Öffnet einander Eure Herzen,
zeigt Eure Liebe und Anerkennung,
und fangt gleich JETZT damit an.

Um einander lieben zu können,
müßt Ihr versuchen, Euch zu verstehen,
und um zu verstehen, müßt Ihr Euch einander mitteilen können.
Ob dieser Austausch in Worten geschieht
oder in stillem Handeln, ist ohne Bedeutung,
solange er in Liebe geschieht,
solange Dein Herz offen ist
und die Liebe ungehindert fließen kann.

Du mußt sehr liebevoll sein
und sehr verständnisvoll gegenüber Deinen Mitmenschen.

Wenn für Dich etwas sonnenklar ist,
so muß das keineswegs für alle so sein;
Du mußt deshalb ganz liebevoll und mit der größten Geduld
und dem größten Verständnis
versuchen, Deinen Mitmenschen klarzumachen,
was Du erlebst,
und die ganz tiefen Gefühle in Dir mit ihnen teilen.
Das mag nicht leicht sein,
aber Du mußt Dir die Mühe machen,
denn wenn Du wirklich liebst,
möchtest Du alles mit denen teilen, die Du liebst.

Liebe ist die Grundlage für jede Beziehung.
Ohne Liebe kann es keinen verständnisvollen Austausch geben.

Wo Liebe ist,
bedarf es keiner Worte,
denn die Sprache der Liebe braucht sie nicht;
es herrscht vollkommenes Verstehen,
ohne daß ein Wort gesprochen wird.

Wo Liebe ist,
gibt es keine Sprachbarrieren,
denn Liebe kann im Tun erzeugt werden,
in einem stillschweigenden Blick,
in der kleinsten Tat;

Sie ist so groß, daß nur das Gefühl sie wahrnehmen kann,
und wünscht nur das Allerbeste für die,
die Du wirklich liebst.

Wenn Du einen Menschen aufrichtig liebst,
dann kannst Du alle lieben.

So viele Menschen gehen durchs Leben
und haben nie wirklich erfahren, was Liebe bedeutet.
Wie gesegnet seid Ihr,
    die Ihr wißt, was Liebe ist
        und wirklich geliebt werdet.

    Liebe ist der Schlüssel, der alle Türen öffnet.
    Liebe durchbricht alle Schranken.

Ist es deshalb ein Wunder,
daß Ich Euch immer wieder sage,
öffnet Eure Herzen und liebet einander?
Erst wenn Ihr gelernt habt, einander zu lieben,
könnt Ihr hoffen,
in die Welt hinauszugehen und Jenen zu helfen,
die es bitter nötig haben.
Mitleid mit Euren Mitmenschen ist nicht genug;
es muß Liebe sein,
            Liebe
              und noch mehr Liebe.
Denn wo Liebe ist,
da bin Ich,
denn Ich bin die Liebe;
und wenn Ihr liebt seid Ihr Euch Meiner Gegenwart bewußt.

Du kannst Dich nicht zwingen, Jemanden zu lieben;
wenn Du aber Dein Bewußtsein erhebst,
dann kannst Du den Zustand erreichen, wo Du weißt,
daß alles aus Mir geschaffen ist,
    und daß es nichts anderes gibt,
        keinerlei Trennung;

daß jeder Mensch aus Mir geschaffen ist,
geformt nach Meinem Bild und Gleichnis.

Deshalb seid Ihr eins;
und solange Ihr in diesem Bewußtseinszustand bleibt,
wißt Ihr, was göttliche Liebe bedeutet,
und vollkommene Liebe und vollkommenes Verstehen
erfüllen Euer ganzes Sein.

Freut Euch:
die Zeit wird kommen, wo Ihr für immer in diesem
                              Bewußtseinszustand lebt;
jetzt erfahrt Ihr nur in flüchtigen Augenblicken, wie das ist.
Seid dankbar dafür, daß Ihr es erlebt,
    denn von nun an werdet Ihr nicht mehr zufrieden sein,
    ehe Ihr dieses Ziel erreicht habt
    und immer darin bleibt.
    Das erfordert ein Leben der Hingabe,
    ein Leben, das ganz Mir und Meinem Werk gewidmet ist,
    einen Menschen, der bereit ist, um jeden Preis
    Meinen Willen zu tun,
    voll Freude und mit dankbarem Herzen.

BIST DU BEREIT, SO ZU LEBEN?

Laßt Freude und Zufriedenheit Euer Herz erfüllen.
Erkennt, wie unendlich gesegnet Ihr seid
und seid stets dankbar für all den Segen, der Euch zuteil wird.

Wie könnt Ihr niedergeschlagen und unzufrieden sein,
    wenn erhebende und freudige Gedanken Euch erfüllen,
    wenn Eure Herzen Lieder des Lobes
    und der Dankbarkeit singen
    für diese wunderbare Zeit, in der Ihr lebt,
und für dieses wundervolle Leben, das Euer ist.

Ihr müßt Euch nur entschließen, es als Euer eigen
    anzunehmen, und es in vollen Zügen zu genießen.

Bedenkt doch, wie einfach das ist:
    Ihr müßt Euch nicht darum bemühen,
    nicht darum kämpfen,
    ihm nicht nachlaufen.
Es gehört Euch,
ganz und gar ist es Euer,
    wenn Ihr dazu stehen könnt
    und es Euch ganz zu eigen macht.

Vergeudet keine Zeit, um darüber nachzudenken
oder zu meinen, Ihr seid dessen nicht wert;
es ist Euer,
        Euer,
            Euer,
wenn Ihr nur bereit seid, es anzunehmen.

Ihr könnt wahres Glück und wahre Zufriedenheit finden,
    wo Ihr auch seid,
    mit wem Ihr auch zusammen seid,
    ganz gleich, was Ihr tut,
denn wahres Glück ist tief im Inneren begründet;
deshalb soll Eure äußere Lage Euch nie Euer inneres Glück rauben,
das nichts und niemand zerstören kann.

Wenn Du dieses innere Glück, diese Zufriedenheit gefunden hast,
wirst Du merken, daß Du nicht länger für Dich allein damit
                                    leben möchtest,
    vielmehr möchtest Du es mit allen teilen, mit denen Du
                                    zusammenkommst,
und je öfter Du es teilst,
umso wunderbarer wird es.

Glück läßt sich nicht unterdrücken,
    es läßt sich nicht verstecken;
    es gleicht einer herrlichen Blume, deren Blüte
in den Strahlen der Sonne aufbricht,
    so daß alle sie sehen
        und an ihrer Schönheit teilhaben können.

Wie dunkel die Nacht auch sein mag,
vergiß nie, am Morgen kommt die Freude, wenn das Licht
durchbricht
und die Sonne wieder aufsteigt und sich in ihrer ganzen
majestätischen Herrlichkeit zeigt.

Sei stets dankbar für jeden neuen Tag
— ein vollkommener, unbelasteter Tag
    — und geh hinaus und erwarte, daß während des Tages
    nur das Beste geschieht.
Wisse, Ich gehe vor Dir her und bereite den Weg;
    deshalb behalte Mich und Meine göttliche Gegenwart
    den ganzen Tag hindurch wach im Bewußtsein,
    und schau zu, wie er sich in wahrer Vollkommenheit entfaltet.

Hör auf, Dir alles vorher in Gedanken auszumalen,
das führt zu nichts.
Lebe aus unmittelbarer Eingebung und spontaner Einsicht
und laß Dein ganzes Leben eine Offenbarung sein.
    Wenn Du so lebst
        wird Dir immer mehr vom Neuen enthüllt werden,
        denn das Neue kommt nicht durch Überlegungen,
        sondern durch Eingebung
        und Erkenntnis.

Um ein inspiriertes geistiges Leben zu führen
braucht man nicht intellektuell klug zu sein.

Öffnet Eure Herzen
und nehmt alle Meine guten und vollkommenen Gaben an.
  Sie warten auf jeden von Euch,
  aber viele machen ihr Herz nicht auf
  und strecken ihre Hände nicht aus, um ihr rechtmäßiges Erbe
zu empfangen.
    Ihr habt entweder Angst davor,
    oder Ihr fühlt Euch unwürdig,
    oder Ihr glaubt einfach nicht daran
    und verweigert aus diesem Grunde Euer Eigentum.

Wenn Ihr Geld auf der Bank habt,
  davon aber keine Notiz nehmen wollt
    und nichts abhebt, weil Ihr nicht daran glaubt,
      dann seid Ihr es, die Mangel leiden
      und so zurechtkommen müssen.

Meine Vorratshäuser sind zum Bersten voll,
  und alles, was Ich habe, gehört Euch;
    aber Ihr müßt etwas dazu tun,
      Ihr müßt Gebrauch davon machen.

Ich kann Dir eine Vision nach der anderen geben,
  aber wenn Du nicht treu daran glaubst
    und diese Vision fest in Deinem Bewußtsein hältst,

verlierst Du sie,
und sie wird niemals Wirklichkeit werden.

Ohne Vision gehen die Menschen zugrunde.
Ohne Glauben und Vertrauen haben die Dinge des Geistes
keine Bedeutung für Dich.
   Du kannst dieses spirituelle Leben nicht ohne Vertrauen
   und Glauben leben;
   Du kannst nicht das Beste vom Leben erwarten,
   wenn Du nicht glaubst, daß es Dein ist
   und Du es beanspruchst.
Der neue Himmel und die neue Erde sind hier.
Liebe,
      Frieden,
            Harmonie
               und Einheit sind hier,
aber was machst Du damit?

Trägst Du dazu bei, den neuen Himmel und die neue Erde zu
erschaffen
   — durch Deine Lebensweise,
   indem Du Dein Bewußtsein erhebst,
   indem Du Frieden und Harmonie in Deinem Inneren findest,
oder bist Du nur ein Teil der herrschenden Verwirrung und des
                                                      Chaos?
Vermehrst Du all die negativen, zerstörerischen Gedanken
um Dich herum und in der ganzen Welt,
indem Du auch so denkst?

Wach auf!
      Achte auf Deine Gedanken,
und sieh zu, daß sie so positiv, liebevoll und aufbauend sind,
wie möglich.

Fang gleich jetzt an, das Allerbeste im Leben zu erwarten.
Schau Dich um, und sieh überall das Gute, das Dich umgibt,
   in den Menschen, mit denen Du zu tun hast,
   in jeder Situation, in die Du kommst.

Wisse und verstehe wirklich, daß für jene,
die Mich von Herzen lieben
und Mich in ihrem Leben an erste Stelle setzen,
alles, wirklich alles, zum Besten gereicht.

Schau zu, wie es geschieht,
und versäume nie,
niemals, Dank zu sagen.

Lebe dieses Leben
täglich,
    stündlich,
        in jeder Minute.
So kann man nicht nur einen Tag in der Woche leben,
oder wenn einem gerade danach zumute ist.
Nur solche Menschen vermögen es, die sich ihm ganz weihen,
die bereit sind, alles hinzugeben, um alles zu empfangen.

WANDLUNG

Ich sah einen Kübel voll ganz normal und langweilig aussehender Kieselsteine verschiedener Form und Größe.

Dann sah ich, wie sie in eine riesige Mischmaschine geworfen wurden und eine lange Zeit darin blieben; sie wurden durcheinander geschüttelt, bis all ihre rauhen Ecken und Kanten abgeschliffen waren und sie zuletzt ganz verwandelt als strahlende und glatte Kiesel von vollkommener Schönheit wieder auftauchten.

Ich hörte die Worte: "Erst wenn Du geprüft und erprobt und für vollkommen befunden worden bist, wirst Du verwandelt als Mensch des Neuen Zeitalters in seiner vollen Kraft und Herrlichkeit zum Vorschein kommen."

Siehe, heute mache Ich alles neu.
Laß das Gestern zurück und gehe rasch in diesen wunderbaren
neuen Tag hinein,
wisse, daß er für jeden von Euch nur das Beste bereithält,
und erwarte von ihm , daß nur das Allerbeste geschieht.

Sieh, wie Meine wunderbaren Verheißungen eine nach der anderen
verwirklicht werden;
    sieh Meine Hand in allem, was geschieht;
    sieh die Geburt des neuen Himmels und der neuen Erde.
Tanze und singe vor Freude, und sei ewig dankbar,
denn Du siehst sie entstehen,
siehst sie Wesen und Gestalt annehmen
    und wachsen und sich entfalten.

Was einmal geboren ist, kann nicht mehr in den ungeborenen
Zustand zurückkehren,
sondern es entfaltet sich in schöner Vollkommenheit.
Ihr alle seid Teil des neuen Himmels und der neuen Erde,
deshalb nehmt jetzt Euer wahres Erbe entgegen,
und seid dankbar, daß die Schuppen von Euren Augen gefallen sind
und Ihr das ganze Wunder erblicken könnt.

"Fürchte Dich nicht, kleine Herde, es ist Mir eine große Freude,
Dir das Königreich zu geben",
    nicht morgen,
        nicht irgendwann,
            nein, heute.

Ist Dir klar, daß heute alles geschehen kann,
und bist Du deshalb stets wach und offen?
Bist Du darauf vorbereitet, daß die wunderbarsten Dinge geschehen,
und bist Du bereit für sie?

Bist Du ein Optimist?
Bist Du durch und durch positiv?

All das trägt dazu bei, den Lauf der Dinge zu beschleunigen,
und befähigt Dich, in jeder Situation wirklich nur das Beste zu
erwarten.
Indem Du das Beste erwartest, hilfst Du mit, daß es geschieht.
Du weißt, daß alles möglich ist, und gibst Dich mit einem 'Nein'
einfach nicht zufrieden.
Durch solch positives Handeln schaffst Du die rechten Bedingungen
und die rechte Grundlage
für die Entfaltung des Neuen.

Du wirst wie die Hebamme, bereit,
ihm in jeder Weise hervorzuhelfen.
Es kann nicht erzwungen werden,
es muß sich Schritt für Schritt entfalten.

Was bedeutet dies alles?
Kein Mensch weiß das.
Deshalb sage Ich Euch immer wieder, seid auf alles vorbereitet:
auf neue Wege,
neue Ideen,
ein neues Leben.
Was Ihr in der Vergangenheit getan habt, wird wie nichts sein,
verglichen mit dem, was Ihr in den kommenden Tagen tun werdet.

Euer Leben wird erfüllt sein von den wunderbarsten und
unerwartetsten Ereignissen.
Veränderungen werden notwendig sein,
deshalb widersteht den Veränderungen nicht.
Wachstum wird notwendig sein,
deshalb widersteht dem Wachstum nicht.

Öffnet Euch und erlaubt Euch, zu wachsen und weit zu werden,
Euch ohne Anstrengung und Widerstreben zu verändern;
laßt Euch einfach in das Neue hineintragen,
                    rasch
                         und reibungslos
                    in vollkommenem Einklang
                         und vollkommener Einheit;

Jene, die sich nicht verändern können,
weil sie keine Veränderung wollen,
werden einfach zurückgelassen.
Du willst nicht zurückgelassen werden, nicht wahr, nach all den
wunderbaren Verheißungen, die Ich Euch gemacht habe?

Fürchte Dich nicht vor dem Unbekannten.
Schreite furchtlos voran
    und wisse, daß Ich bei Dir bin;
        deshalb kann Dir nichts Böses zustoßen
            — alles ist sehr, sehr gut.
Handle in vollkommenem Glauben und Vertrauen.

Kannst Du alles, was Ich sage, ohne jeden Zweifel
und ohne Angst annehmen?
Kannst Du loslassen und Dich entspannen und Dich an allem
freuen, was geschicht?
Geh freudig und dankbar in das Neue hinein,
    das ist die rechte Weise.

Laß das Gestern hinter Dir.
Verschwende keine Zeit mehr darauf, über Fehler nachzugrübeln,
   die Deine Schritte behindert
      und Dir den Tag verdorben haben.
         Sie sind vergessen und vorbei.

Sei dankbar für den neuen Tag,
   einen Tag, der durch nichts beeinträchtigt ist.
      Jetzt ist alles ganz rein und schön, und es liegt an Dir,
      es so zu bewahren,
und unbeirrt hinauszugehen,
in absolutem Glauben und Vertrauen,
   daß es ein wunderbarer Tag sein wird.

Alles wird genau zur rechten Zeit seinen richtigen Platz finden,
   alles wird reibungslos ablaufen;
      mit jedem Menschen, den Du triffst, wird es eine Freude
      und ein Vergnügen sein, zu sprechen;
         nicht ein einziger negativer oder unangenehmer Gedanke
         wird in Deinem Bewußtsein auftauchen.

In der Unberührtheit des neuen Tages ist alles sehr, sehr gut,
alles ist vollkommen.
Mit Meiner steten Hilfe und Führung wirst Du es so bewahren
                                    können;
      nimm nur Mich und Meine göttliche Gegenwart bewußt wahr,
      rufe Mich an
         und diene Mir ruhig und vertrauensvoll.

Wenn Du meinst, Du seiest am Ende,
   Du könntest keinen Schritt mehr weitergehen,
      wenn Dir das Leben völlig sinnlos erscheint
   — welch wunderbare Gelegenheit ist das, wieder ganz neu
anzufangen,
      eine neue Seite aufzuschlagen.

Dies ist etwas, was Ihr alle tun könnt, jeder von Euch,
wenn Ihr es wirklich wollt,

wenn Ihr Euren Stolz hinunterschluckt
und in wahrer Demut annehmen könnt,
daß Ihr aus Euch selbst heraus nichts seid,
daß Ihr nur ein Chaos aus Eurem Leben macht,
wenn Ihr versucht, es allein in die Hand zu nehmen;
und wenn Ihr bereit seid, Euer Leben Mir zu übergeben,
Euch von Mir leiten zu lassen,
und zu erkennen, daß alles möglich ist,
wenn Ich am Steuer bin.
Seid stets dankbar für jeden neuen Tag,
für jeden neuen Weg,
für jede Gelegenheit, neu zu beginnen.

Du brauchst nicht im 'Sumpf der Hoffnungslosigkeit'
steckenzubleiben,
wenn Du nicht willst:
aber Du mußt wählen,
Du mußt den Entschluß zur Veränderung fassen.

Was wirst Du dafür tun?

Begreife, daß Ich Dich brauche,
wenn Du aber in Deinem negativen Zustand verharrst,
verschließt Du Dich vor Mir.
Es liegt bei Dir, aus Deinem eigenen freien Willen
die Verbindung mit Mir wieder aufzunehmen,
denn vergiß nicht,
Ich trete niemals ein, wo Ich nicht eingeladen bin.

Rufe Mich, und Ich werde Dir antworten.
Ich werde bei Dir sein, wenn Du im Leid bist.
Ich werde Dich aufrichten
und Deine Füße wieder auf den rechten Weg lenken.
Ich werde jeden Deiner Schritte leiten.
Ich werde Dich nie im Stich lassen.
Ich bin immer bei Dir.

Das Leben ist zum Überfließen voll des Neuen,
doch das Alte muß entfernt werden,
um Raum für das Neue zu schaffen.

Der Trennungsprozeß kann sehr schmerzhaft sein,
   aber er ist unbedingt notwendig.
   Wenn das Alte in Dir nicht mehr da ist,
     befällt Dich vielleicht ein Gefühl der Leere,
     ein Gefühl, nichts zu haben,
      an dem Du Dich festhalten kannst,
      allein und aller Stützen beraubt zu sein;
vielleicht glaubst Du sogar, Ich habe Dich verlassen,
   glaubst, daß das Leben völlig tot und leer ist, ohne Sinn,
     und Du möchtest verzweifelt die Hände ringen
     und vor allem davonlaufen.

Wenn Du eine solche Zeit durchmachst,
dann werde Dir darüber klar,
daß es der Ablösungsprozeß vom Alten ist,
damit das Neue Dich erfüllen kann.
Gib die Hoffnung niemals auf,
sondern halte an ihr fest,
bis Du, im Geiste und in Wahrheit erneuert, wieder anfangen kannst.
Du kannst wie ein kleines Kind werden
und Dich voll und ganz an den Wundern dieses neuen Lebens
                              freuen,
von dem Du allmählich durchdrungen wirst.

Du mußt bereit sein, so vieles zu verlernen,
  um Raum zu schaffen für all die neuen und wunderbaren
                              Wahrheiten,
    die in Dich eindringen und Teil von Dir werden möchten.
Es ist schwieriger, zu verlernen, als neu zu lernen,
  denn viele Menschen klammern sich an ihr Wissen,
    weil sie fürchten, ihre Sicherheit zu verlieren,
      ihr Gefühl der Überlegenheit,
und die Idee, im Geiste und in Wahrheit neu geboren zu werden,
damit sie in das Neue hineingehen können, ist ihnen nicht geheuer.
Sie können es nicht ertragen, all das Wissen,
    das sie im Leben erworben haben,
                              aufzugeben,
und viele weigern sich,
    noch einmal neu zu beginnen;
dadurch scheiden sich die Wege.

Niemand kann ohne einen wirklichen Herzenswandel in das
                              Neue hineingehen,
und einen wirklichen Herzenswandel kannst Du nur erleben,
wenn Du Dich aus freien Stücken dafür entscheidest.
Niemand kann Dich verändern;
es kann Dir nur der Weg gezeigt werden,
gehen mußt Du ihn selbst.
Du mußt die Räder ins Rollen bringen und dafür sorgen,
    daß sie weiterlaufen.

Jeder Tag ist ein neuer Tag,
deshalb erwarte von jedem Tag etwas Neues und Anderes;
gib Dich nie damit zufrieden,
Tag für Tag in demselben alten Trott dahinzuleben.
Beginne jeden Tag in einer Begegnung mit Mir,
und erwarte dann, daß die wunderbarsten Dinge geschehen.
Wie kann das Leben langweilig und alltäglich sein,
wenn Du mit der Quelle allen Lebens in Einklang bist?
Erwarte, daß Wunder über Wunder geschehen.
Sei jederzeit auf alles gefaßt;
Sieh, wie das Neue sich in wahrer Vollkommenheit entfaltet,
und sei stets für alles dankbar.

Jeden Tag kannst Du etwas Neues und Wunderbares lernen,
doch es ist Dir überlassen, was Du mit diesen Lehren anfängst:
   Du kannst sie leben
     und ins praktische Tun umsetzen
     und sehen, wie wunderbar sie wirken
— oder sie in Dein Unterbewußtes sinken lassen
   und irgendwann einmal hervorholen;
     früher oder später wirst Du sie jedoch leben müssen,
       wenn nicht in diesem Leben, dann im nächsten.

Je früher Du sie praktisch einsetzt und übst, desto besser,
denn mit der Übung vollzieht sich eine Veränderung in Dir;
   eine Veränderung des Herzens,
     eine Veränderung Deiner Einstellung,
       eine Veränderung Deiner ganzen Lebensweise.
Du kannst ganz verwandelt werden, wenn Du lernst,
diese Lehren, was sie auch sein mögen,
zu leben und in die Tat umzusetzen.

Wenn Du einem kleinen Kind nicht erlaubst,
Dinge selber zu machen,
   selber zu essen,
     allein zu gehen,
       sich anzuziehen,
         zu schreiben,
           zu malen,
             sich auszudrücken,
dann wird es sich nie entwickeln

und unabhängig werden,
auf eigenen Füßen stehen
und seine eigenen Entscheidungen treffen können.

Du mußt im Hintergrund bleiben
und ihm erlauben, Fehler zu machen,
und ihm viel Zeit lassen, die Dinge zu üben, die es lernen soll.
Du mußt ganz geduldig sein
und warten
und zuschauen,
ganz gleich, wie sehr es Dich drängt, hinzulaufen
und es dem Kinde abzunehmen, weil es dann schneller geht.

Wie oft muß Ich im Hintergrund bleiben
und Euch liebevoll zuschauen, wie Ihr Euch abmüht
und mit dem Leben herumplagt,
damit Ihr eine lebenswichtige Lektion daraus lernen könnt,
eine, die Ihr nie mehr vergeßt, wenn Ihr sie einmal
gelernt und gemeistert habt.
Ich habe unendliche Liebe und Geduld.

Würdet Ihr nur die Augen öffnen,
Ihr würdet erkennen, daß das Leben ein Klassenzimmer ist;
Ihr lernt immerzu.
Ihr nehmt die wunderbarsten Wahrheiten in Euch auf,
die alle Teil Eurer selbst werden,
und auf einmal merkt Ihr dann, daß Ihr sie lebt
und durch Euer Leben sichtbar macht.

Es dauert vielleicht eine Zeit, bis es soweit ist,
aber früher oder später geschieht es,
wie lange es dauert, liegt an Euch.
Ihr könnt schnell lernen, wenn Ihr wollt,
aber Ihr könnt auch losziehen und auf eigene Faust
experimentieren
und Eure eigenen Methoden ausprobieren,
die Euch vielleicht viel mehr Zeit kosten.

Was Ihr tut
und wie Ihr es tut, bleibt Euch überlassen.
Ich bin da, um Euch den Weg zu zeigen,
    aber Ihr müßt ihn gehen.
        Niemand anderer kann das für Euch tun,
            niemand kann Euer Leben für Euch leben.

Was machst Du mit Deinem Leben?
Bist Du zufrieden, Dich nur so dahintreiben zu lassen?
    Zu tun, was Dir gefällt,
    zu leben, wie es Dir gerade in den Sinn kommt,
    ohne einen Gedanken an irgendjemand anderen zu verschwenden?
Du bist frei, so zu leben.
Viele, viele Menschen tun das
und wundern sich, weshalb sie so unglücklich und unzufrieden sind.

Nur wenn Du lernst, Dich selbst zu vergessen
und für andere zu leben,
wirst Du wahre innere Ruhe und Zufriedenheit finden.

Lernt, zu geben und nicht immer nur zu nehmen.
Warum nicht auf einer Ebene geben
    und auf einer anderen empfangen?
Das Leben ist Austausch,
    ein ständiges Geben und Empfangen.
Ich sage Euch immer wieder:
        Ihr könnt nicht für Euch alleine leben
            und wirkliches Glück uns Zufriedenheit
                im Leben finden.

Lebt für das Ganze,
        und gebt dem Ganzen
            und SEID ganz.

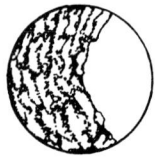

62

Freut Euch
und seid voller Dankbarkeit,
denn Ihr wißt, Ihr lebt ewig;
lebt immer im Heute,
lebt jeden Augenblick in seiner ganzen Fülle und Herrlichkeit,
vergeßt, was vergangen ist,
und macht Euch um die Zukunft keine Sorgen.
Wenn Ihr nur glaubt, daß das Leben keinen Anfang hat
und kein Ende,
daß es ewig ist,
dann seid Ihr die ewige Hoffnung.

Ich bin das Leben,
und Ich bin tief in Eurem Inneren.
Ich lebe und bewege Mich und habe Mein Sein in Euch.
Ich bin unendlich.

Ihr seid eins mit Mir,
Ihr seid eins mit allem Leben.

Immerfort wachst Ihr, und Euer Bewußtsein dehnt sich aus;
Ihr beginnt, das Geheimnis des ewigen Lebens zu begreifen
und werdet Eurer Einheit mit Mir gewahr,
mit Mir, dem Schöpfer des Lebens,
dem Schöpfer aller Dinge.

Schritt für Schritt
kommt Ihr voran und steigt immer höher,
erfüllt von Frieden,
Ruhe
und Heiterkeit,
und Ihr erkennt, daß alles in Meinen Händen liegt
und Ihr Euch um nichts zu sorgen braucht.

Werdet wie kleine Kinder,
offen und freudig,
und das Leben wird eine einzige Quelle der Freude für Euch sein,
ein wahres Wunderland, wo hinter jeder Ecke etwas Neues und
Aufregendes auf Euch wartet.

Glaubt an das Leben,
und lebt es in seiner ganzen Fülle.
Nur wenn Ihr versucht, allzu weit vorauszuschauen,
wird das Leben Euch zur Last,
und dann macht es vielen von Euch Angst,
   verunsichert sie,
      und schwächt ihren Glauben und ihr Vertrauen.

Wenn Ihr nicht glaubt, daß das Leben ewig währt
   und daß Ihr unsterblich seid,
      dann hat das Leben nur wenig oder gar keinen Sinn für Euch.
   Eure Einstellung ist dann, daß Ihr hier und heute lebt
   und morgen nicht mehr da seid;
deshalb wollt Ihr soviel wie möglich von diesem Leben haben.

Ändert diese Haltung,
   erkennt, daß das Leben ewig ist;
   Ihr habt ebenso viel zu geben wie zu empfangen.
   Das Leben ist ein stetiger Austausch,
   und indem Ihr lernt, zu geben, werdet Ihr beschenkt.
Das Leben wird öde und leer
               und ganz unerfüllt,
         wenn Ihr immer nur haben
            und nichts geben wollt.

Wenn Ihr atmet, atmet Ihr den Atem des Lebens ein;
aber Ihr könnt ihn nicht lange festhalten, ohne auszuatmen.
Auch das Atmen ist ein Austausch,
   ein Geben
      und Empfangen,
denn ohne diesen Austausch gibt es kein Leben.

Öffnet Eure Herzen,
und schenkt all die guten Gaben weiter, die Ihr empfangen habt:
   verschenkt Eure Liebe,
      Eure Weisheit,
         Euer Verstehen;

verschenkt das Nichtfaßbare ebenso wie die greifbaren Dinge,
die Euch gehören
— schenkt
  und schenkt
    und hört nicht auf, Euch zu schenken,
    ohne an Euch selbst zu denken,
    ohne einen Gedanken daran, was es kostet oder
    was es Euch einbringt.

Euer Geben soll aus vollem Herzen und voller Freude geschehen,
dann erfahrt Ihr,
wie das Geben selbst Euch Freude und unsagbares Glück schenkt.

Laßt Euch nochmals daran erinnern:
  Ihr alle habt etwas zu geben.
    Deshalb finde ein jeder heraus, was seine Gabe ist
      und dann verschenke sie.

Vergeßt nie, es gibt ganz verschiedene Ebenen, auf denen Ihr
schenken könnt;
auf welcher Ebene kannst Du schenken?

Gib nicht nur das, was Du leicht hergeben kannst,
  gib auch, was zu geben Dir schwerfällt
    und wachse daran,
      und laß Dein Herz weit werden,
        denn aus Deinem Geben kann nur das Beste entstehen.

Ich habe Euch die rechte Art zu leben gelehrt,
und wenn Ihr Meinen Gesetzen folgt
und ihnen gehorcht,
dann wird Euer Leben reich und gesegnet sein.
Mißachtet diese Gesetze
und früher oder später geht es bergab mit Euch.
Die Dinge mögen eine Zeit lang reibungslos verlaufen;
es sieht vielleicht so aus, als hättet Ihr Erfolg,
wenn Ihr Eure eigenen Wege geht und tut, was Euch gefällt;
aber die Zeit kommt, wo Euch alles über den Kopf wächst,
und es geht abwärts mit Euch,
und immer weiter abwärts,
bis Ihr begreift, daß Ihr in die Irre gegangen seid,
und Euch entschließt, an Euren Fehlern zu arbeiten
und sie zu überwinden.

Das geschieht, wenn Ihr anfangt, das Wichtigste an die
erste Stelle zu setzen;
wenn Ihr Euren Widerstand aufgebt
und Mich und Mein Reich zuerst sucht.
Das ist nicht leicht,
besonders wenn Du ganz tief gefallen bist
und meinst, es gäbe keinen Sinn im Leben...
und doch ist es genau das, was Du zu tun hast.

Setze Deinen Fuß auf die unterste Sprosse der Leiter,
und fang an zu klettern, ganz gleich,
wie schwer das im Augenblick sein mag;
und wenn Du Dich zur nächsten Sprosse hinaufziehst,
und Dich Schritt für Schritt aus der Dunkelheit
und Verlassenheit herausarbeitest, in die Du gesunken bist,
beginnt Dein Leben, sich zu verändern,
und Du findest den wahren Sinn darin.

Wo stehst Du auf dieser Lebensleiter?
Bist Du auf der untersten Sprosse angelangt und hast begonnen,
hinaufzusteigen?
Bist Du bereit, alles im Leben für Mich aufzugeben,

nicht aus Angst,
sondern aus tiefer Liebe zu Mir
und in dem Bestreben, Meinen Willen zu tun und Meine Wege
zu gehen?

Kannst Du sagen: "Dein Wille geschehe"
und das auch wirklich meinen
und in alles einwilligen, was Ich verlange,
egal, wie schwer oder wie närrisch es in den Augen der Menschen
vielleicht erscheint?

Das erfordert Kraft
und das tiefe innere Wissen und die Sicherheit,
daß Dich nichts aus dem Gleichgewicht werfen kann.

Nur wenn Du stark bist, kannst Du diesen geistigen Weg gehen
und das Ziel erreichen.
Ich sage Euch immer wieder: dieses Leben ist nichts für Schwache,
es ist nicht für solche, die Mir nicht den ersten Platz einräumen;
es ist nichts für jene, die ihren eigenen Weg gehen wollen
und sich weigern, auf Mich und Mein Wort zu hören.

Es gibt keine Abkürzungen auf diesem geistigen Weg;
Du mußt Dein eigenes Heil suchen und finden,
niemand kann es Dir abnehmen.

Deshalb wiederhole Ich immer wieder:
Du mußt auf Deinen eigenen Füssen stehen,
selber suchen,
selber nachdenken,
Du mußt Deine geistige Arbeit wirklich selber tun
und kannst nicht erwarten, daß jemand sie Dir abnimmt.

Das ist Dir jetzt sicher klar geworden,
deshalb fang gleich jetzt damit an,
in diesem Augenblick.

Überanstrenge Dich nicht in Deinem Bemühen um geistiges
                 Wachstum.
   Erweitere Deine Grenzen, ja,
     aber übertreibe es nicht.

Sich strecken ist ein ganz natürlicher Vorgang.
Wenn Du je zugeschaut hast, wie eine Katze sich streckt,
              verstehst Du, was gemeint ist:
   jeder Zentimeter, jeder Millimeter ihres Körpers reckt sich
   ganz allmählich,
     bis sie sich ganz gestreckt hat,
       von der Nase
         bis zur Schwanzspitze;
danach ist sie vollkommen entspannt,
und es gibt absolut keine Anstrengung dabei.

So sollt Ihr Euer Bewußtsein ausstrecken,
   ganz allmählich,
     Schritt für Schritt,
       bis Euer ganzes Sein in dem Prozess gewachsen
        und doch vollkommen entspannt ist.
Indem Ihr Euch immer weiter streckt,
werdet Ihr verstehen, was Ich meine.

Wenn ein Bogen überspannt wird,
dann reißt er;
        ein allmähliches Strecken jedoch
        geschieht in vollkommener Einheit;

es ist ein ganzheitlicher Vorgang,
und soll ganz allmählich geschehen.

Meist macht Ihr so etwas ruckartig
und dann wundert Ihr Euch, wenn Euch alles weh tut;
wenn Ihr Euch jedoch täglich ein bißchen mehr strecken würdet,
jeden Tag ein Stückchen weiter hinauf,
dann täte Euch nichts mehr weh,
sondern Ihr hättet Freude und Vergnügen dabei
und ein Gefühl von Wachstum.

Eine Pflanze wächst auch nicht ruckartig,
sie wächst allmählich.
Ihr bemerkt ihr Wachsen überhaupt nicht,
und doch seht Ihr, wie sie sich verändert und entwickelt.

So soll es auch in Eurem geistigen Wachstum sein,
und wenn es nicht so ist, dann ändert es.
Ich will nicht, daß Ihr einen Augenblick himmelhochjauchzend
und im nächsten zu Tode betrübt seid,
das ist eine viel zu große Belastung für Eure Kräfte,
und auf diese Weise kommt Ihr so leicht aus dem
Gleichgewicht.
Ich aber brauche Euch vollkommen ausgeglichen,
wie ein Präzisionsinstrument.
Deshalb tut alles, was zu tun ist, mit Stetigkeit und Präzision.

Das erfordert wirkliche Selbstkontrolle
und die ist nicht leicht;
aber sie ist so außerordentlich wichtig,
und mit Meiner Hilfe könnt und werdet Ihr es schaffen.

Es gibt viel zu tun,
aber für alles ist Zeit.
Lebt voll im Augenblick
und lebt ein volles und freudiges Leben.
Große Dinge werden so vollbracht werden.

Wißt, daß alles sehr gut ist;
seid ganz ruhig
und nehmt das Wunder Meiner Gegenwart in Euch auf.
Ich bin immer bei Euch,
seid Euch Meiner stets bewußt.

Sei ganz still
und laß jede neue Erfahrung ohne jeden Widerstand
in Dein Leben ein.
Du brauchst gar nichts zu tun,
    Du brauchst einfach nur zu SEIN
        und die Dinge geschehen zu lassen.
Es ist so wichtig, daß Du aufhörst, Dich abzumühen,
daß Du Deine krampfhaften Anstrengungen aufgibst
    und vollkommen losläßt,
damit Ich in Dir und durch Dich wirken und Meine Wunder
vollbringen kann.

Über all Deine tiefen Erfahrungen sollst Du berichten.
Ich sage Dir, verberge nichts;
es gibt nichts, dessen Du Dich schämen müßtest,
Du bist wunderbar gesegnet.

Du bekommst immerzu die Bestätigung, daß Deine tiefen
Erfahrungen nicht nur Einbildung sind;
sie sind keine Hirngespinste,
sondern Wirklichkeit,
und jeden Tag werden sie wirklicher und greifbarer für Dich.

Es gibt Zeiten, wo Du das Gefühl hast, Du lebst in einer
ganz neuen Welt,
    und dann fängst Du an, Dir Sorgen zu machen
    und fragst Dich, ob es nicht vielleicht nur Illusion ist.
Sei ruhig
    und sei versichert,
        es ist tatsächlich die reale Welt.
Du wächst einfach nur in höhere Dimensionen hinein
und betrachtest alles von diesem erhöhten Bewußtseinszustand aus,
und es gibt überhaupt nichts, um das Du Dich sorgen müßtest.

Betrachte alles, als ob Du jetzt in einem neuen Land lebst:
    Du mußt eine neue Sprache lernen,
        eine neue Lebensweise,
            Deine Eß- und Schlafgewohnheiten müssen sich ändern,
            Deine ganze Umgebung ist anders.

Versuche nicht, irgendetwas aus Deinem alten Leben mitzunehmen,
    mach Dich ganz los vom Alten,
        laß alles hinter Dir;
In Deinem neuen Leben hast Du einfach keinen Platz für das Alte.
Vergeude nicht die Zeit mit Zurückschauen auf das,
was Du verlassen hast.
Die Zukunft ist wirklich so wunderbar, daß Du Dich nicht nach
irgendetwas von dem Alten, das hinter Dir liegt, zu sehnen brauchst;
das ist alles vergangen und vorbei.
    Laß es sich in Nichts auflösen;
        Du wirst dabei neue Freude und Freiheit finden,
        neuen Frieden und neues Glück,
            wenn Du Dich ganz in Deine neue Umgebung einfügst
            und ein Teil von ihr wirst,
        und das Neue in all seiner Fülle lebst
        und Dich jeden Augenblick daran freust.

Du brauchst Dich in diesem neuen Leben nie verloren fühlen,
    denn Ich bin da, und leite
        und lehre Dich
        und weise Dich in dieses neue Leben ein.

Da gibt es viel zu lernen,
    aber Du wirst sehr schnell lernen, wenn Du das Alte hinter
    Dir läßt
    und vergißt
    und das Neue und Wunderbare an seine Stelle setzt.

ALL DAS GESCHIEHT DIR JETZT.

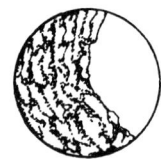

Bist Du hellwach und offen für neue und frische Ideen?
Sind Deine Gedanken jederzeit positiv und aufbauend?
Läßt Du alle negativen,
                unglücklichen
                        und bedrückenden Gedanken los
und siehst nur das Beste in allem, was in Deinem Leben geschieht?
    Erkennst Du das wunderbare Muster und den Plan,
        die alles durchziehen, was Dir widerfährt,
            und weißt Du mit tiefer innerer Gewißheit,
                daß alles nur zum Allerbesten führt,
                    selbst wenn das für Dein Leben einen völligen
                    Umbruch bedeutet?

Fang sofort an, Deine Gedanken und Ideen zu beobachten
    und laß sie nicht ziellos umherschweifen.
        Habe sie vollkommen unter Kontrolle,
        und wähle nur solche Gedanken, die dem Ganzen
        zum Besten gereichen.

Warum im Negativen verharren,

wenn doch das Beste, das Positive, gleich um die Ecke
auf Dich wartet,
wenn Du nur bereit bist, Dein Bewußtsein zu öffnen
und es zu finden.

Fürchte Dich niemals vor Veränderung,
                        vor dem Neuen.
Lerne loszulassen,
    und schreite in vollkommener Freiheit voran,
        und wenn Du einmal losgelassen hast, dann schau nie zurück,
        sondern immer nach vorn.

Wenn Du einmal den Stein ins Rollen gebracht
    und in ein ganz neues Leben eingewilligt hast,
        dann bereue nichts, sondern nimm alles mit wahrer Freude
        und Dankbarkeit an.
Bereuen wirft Dich zurück
und kann die schönsten Dinge verhindern,
die in Dein Leben eintreten wollen.
Halte Dich offen, dann kann alles geschehen.

Fürchte Dich nie, den Weg alleine zu gehen.
    Wisse, welches Dein Weg ist,
        und folge ihm, wohin er Dich auch führt.
        Meine nie, Du müßtest in jemand anderes Fußstapfen treten.

Nimm Dir Zeit, um stille zu sein,
und Du wirst in der Stille erfahren, welches Dein eigener Weg ist.
Es braucht Kraft und Mut, um dem Weg zu folgen,
besonders wenn Du ihn alleine gehen mußt.
    Folge nicht einfach der Menge, weil das leichter
        und bequemer ist.
Finde heraus, was Mein Wille für Dich ist, und folge ihm,
wo immer das auch hinführen mag.

Wende Dich mehr und mehr nach innen,
bring Dein Bewußtsein in Einklang mit dem Höchsten,
und sieh, wie Mein Plan sich Schritt für Schritt vor Dir entfaltet.

Diese Schritte folgen vielleicht rasch aufeinander
— laß sie nur kommen.
Wenn Ich Dir sage, Mein wunderbarer Plan wird sich Schritt für
　　　Schritt vor Dir entfalten,
dann stellst Du Dir vor, wie alles langsam und allmählich
vor sich geht.
　　　Aber jetzt geht nichts mehr langsam.
　　　Alles ist beschleunigt.

Dennoch wird es ein Entfalten sein,
denn alles läuft nach einem perfekten Zeitplan ab.
Laß es einfach geschehen, und versuche nicht, irgendetwas
　　　　　　　　　　　　　　　　　　　　aufzuhalten,
weil Dir die schnelle Veränderung Angst macht.

Mein Zeitplan ist immer vollkommen.
　　　Du weißt das,
　　　　also nimm ihn an
　　　　　und lebe mit ihm.

Laß keinen Widerstand in Dir sein,
sondern finde vollkommene Freiheit und Freude, wenn der Plan
Dir nach und nach sichtbar wird.
　　　Es ist ein wirklich wundervoller Plan,
　　　und Ihr alle seid Teil davon.
Jeder von Euch hat seine besondere Rolle darin zu spielen,
　　　deshalb ist es so wichtig für jeden von Euch,
　　　daß er seinen Platz findet,
　　　und zwar jetzt.

Laß Dich nicht noch einen Tag dahintreiben, ohne ihn
　　　　　　　　　　　　　　　　　　　herauszufinden.

Laß Deine Spannung und Deine Mühen loß und komm zur Ruhe.
Sei in Frieden
und überlaß Dich Mir.

Wenn Du wirklich loslassen kannst
und Mir die Arbeit überläßt,
dann wirst Du Wunder über Wunder vollbringen,
denn nichts von Deinem kleinen Ich wird bei irgendetwas
im Wege stehen,
und deshalb kann alles geschehen.

Je höher Du Deine Ziele steckst, desto besser.
Setze Dir keinerlei Grenzen;
wisse einfach, Du kannst alles vollbringen, was Du Dir
vornimmst,
denn Du bekommst Hilfe und Kraft von Mir,
und bei Mir gibt es keine Niederlagen und kein Scheitern.
Was Mein Zeichen trägt hat unweigerlich Erfolg,
und es kann nur das Höchste und Beste daraus entstehen.
Deshalb halte Dein Bewußtsein hoch erhoben,
bring Dich in Einklang mit allem Lebendigen,
und sieh die wunderbaren Ergebnisse.

Du kannst diese wunderbaren Ergebnisse nicht erwarten,
solange Du nicht in Einklang bist mit dem höchsten Gut in Dir,
und frei mit allem fließen kannst, was Dir im Wege steht.
Es gibt viele Dinge im Leben, die Dich von Deinem Weg abbringen
möchten.
Fege sie alle hinweg,
und zieh auch nicht eine Sekunde lang in Betracht,
daß Du scheitern könntest.
Wisse einfach, Dir kann und wird alles gelingen,
und Du wirst alles erreichen, was Du anstrebst.

Arbeite mit Meinen Gesetzen,
nicht gegen sie.
Wenn Du gegen sie arbeitest, kämpfst Du auf verlorenem Posten
und erreichst nichts.

Wenn Du Dich angespannt fühlst,
dann schau in Dich hinein,
und finde heraus, was Du bekämpfst,
denn das bringt Dich in Spannung.
Du wirst bestimmt etwas finden, das Dich hindert,
voranzuschreiten und Dein höchstes Gut zu erreichen.

Laß Deinen einzigen Wunsch sein, Meinen Willen zu tun;
geh auf Meinen Wegen, was immer geschieht,
und laß Dich durch nichts davon abhalten.

Versuche nie, Ausflüchte zu finden,
das solltest Du inzwischen besser wissen.

Wenn Du Dir Zeit nimmst, zu suchen,
so wirst Du erkennen, was Mein Wille für Dich ist,
und dann ist es an Dir, ohne Zögern zu gehorchen.
Wenn Du bei Deiner Arbeit und in Deinem Leben in Harmonie bist,
wirst Du wissen, was wahre Freiheit bedeutet
— Freiheit des Herzens,
des Bewußtseins,
und des Geistes;
die Art von Freiheit, die es Dir ermöglicht, in höchste Höhen
aufzusteigen
und in tiefste Tiefen zu tauchen
und bei allem vollkommenes Gleichgewicht zu bewahren.

Wenn Du das kannst,
dann werden unsagbare Weisheit und unendliches Verstehen aus
Dir fließen,
und in diesem Bewußtseinszustand kann Ich Dich dazu
gebrauchen,
mit Deiner Hilfe den Neuen Himmel und die Neue Erde
zu schaffen.

Das kann Ich nicht,
solange Du voller Widerstreit und Spannung bist,
denn dadurch wird der freie Fluß blockiert.

Ich brauche Dich frei,
und wahre Freiheit kommt von innen
und geht einher mit vollkommenem Frieden des Herzens und
des Bewußtseins,
und den findest Du, wenn Du in Einklang bist mit Mir.

So sage Ich Dir wieder:
bring Dich in Einklang,
und tu es jetzt.

Nimm Dir Zeit, um still zu sein,
und lausche auf all die wunderbaren Laute ringsumher.
Laß sie Dich mit Freude füllen
und sei voll Dankbarkeit, daß Du Ohren hast zu hören.

Wie oft während des Tages hältst Du inne und lauschst
all diesen vielfältigen Tönen in Dir und um Dich herum?
Stehst Du jemals still
und lauschst
und zählst die verschiedenen Laute, die Du hören kannst?
Das macht Dich wahrnehmungsfähiger
und aufmerksamer
und bewußter.

Wenn Du es ausprobiert hast
und immer wacher geworden bist für all das Leben um Dich her,
dann lausche auch all den inneren Tönen, die nicht greifbar sind,
die nur in vollkommener Stille zu hören sind

— jener Stille, die alles Verstehen übersteigt,
   in der Du in Einklang bist mit den Dingen des Geistes,
   den Dingen, die allein im Leben von Bedeutung sind.
In diesem Zustand tiefen Friedens und vollkommener Stille
   verändert sich Dein ganzes Leben,
   tiefe Ruhe und Heiterkeit strahlen aus Deinem Inneren.
In diesem Zustand kann es nichts Schrilles oder Mißtönendes
                                                    geben,
   denn Du bist mit dem ganzen Leben eins geworden
   und vollkommen mit dem Ganzen verschmolzen.
   Du fühlst Dich emporgehoben,
      begeistert,
         und ein Leuchten erfüllt Dich,
         denn Dein ganzes Wesen ist voll
         Meines göttlichen Lichts,
            und Du siehst alle Dinge klar.
Du begreifst nicht mit dem Verstand,
sondern mit einem höheren Bewußtsein
und mit dem Herzen.

Du bist verliebt in alles Leben,
und das schließt alle Deine Mitmenschen ein.
Du kennst keinen Haß mehr,
         keine Eifersucht,
            keinen Neid,
aber Du weißt, was es heißt, seine Feinde zu lieben,
denn Du hast auf einmal keine Feinde mehr
— Dein Herz ist so weit geworden, daß Du weißt, wie es ist,
mit Meiner göttlichen Liebe zu lieben.

Dein kleines Ich ist ganz vergessen,
      und Dein Leben ist ein Leben der Liebe und des Dienstes
      an Deinen Mitmenschen,
ein Leben des Gebens
            und Gebens
                  und Gebens.
Welche Freude das bringt,
unglaubliche Freude.

Nur wenn Du gibst, findest Du diese wunderbare innere Freude
und dieses innere Glück,
das nichts und niemand Dir nehmen
und das durch nichts geschmälert werden kann.

Freude kommt mit dem Dienen
    und Dienen kommt mit der Hingabe.
Gib Dich jetzt gleich Mir und Meinem Dienste hin,
    und fühle, wie Du dabei wächst und weiter wirst.
Fühle Dein Bewußtsein erhoben, bis zu jenem Zustand,
wo Du Dich mit der ganzen Schöpfung eins weißt,
eins mit Mir.

Am Anfang hält dieser Bewußtseinszustand vielleicht nur ganz
kurze Zeit an,
aber wenn Du auf der Leiter emporsteigst,
    bringt jede Sprosse Dich dem Ziele näher
        — näher dem bewußten Wahrnehmen Meiner Gegenwart.
        Schreite immer weiter voran
            und gib niemals auf.

Um mit Dir selbst
    und mit Deinen Mitmenschen
        in Frieden und Harmonie zu leben,
mußt Du lernen, Meine Gesetze zu befolgen
und sie in Deinem Alltag und in Deinem Leben sichtbar werden
                                        zu lassen.
Wenn Du mit dem Leben in Einklang bist,

dann folgst Du dem Rhythmus Meiner göttlichen Gesetze;
alles läuft reibungslos,
das Leben fließt mit Leichtigkeit und Anmut,
und es gibt nichts Schrilles und Unharmonisches darin.

Verläuft Dein Leben so reibungslos?
Bist Du mit dem, was Du tust, zufrieden?
Fühlst Du Dich im Einklang mit der Welt?
Oder ist Dein Leben voller Hochs und Tiefs?
Bist Du unzufrieden mit Deiner Lebensweise?
Mit Deiner Arbeit?
Fällt es Dir schwer, mit den Menschen um Dich herum in Harmonie
und Eintracht zu leben?
Gibst Du Deinen Mitmenschen, Deiner Umgebung und den
Umständen die Schuld an Deiner Unzufriedenheit?
Meinst Du, alles wäre gut und Du hättest Frieden,
wenn Du woanders wärst?

Wenn Du tief in Deinem Inneren vollkommenen Frieden hast,
dann ist es gleichgültig, wo
oder mit wem Du zusammen bist,
und welch ganz gewöhnliche, alltägliche Arbeit Du tust.
Nichts kann Dich stören
oder aus dem Gleichgewicht werfen,
denn Du bist ganz ausgeglichen
und lebst in innerer Harmonie.

Anstatt gegen die äußeren Umstände anzukämpfen,
lernst Du, Dich von ihnen tragen zu lassen,
und findest so Frieden und Verstehen tief in Dir selbst.

Schau nach innen, wenn Dein Leben nicht reibungslos verläuft,
und schau, wo Du nicht im Einklang bist;
versuche nie, jemand anderen für Deinen negativen Zustand
verantwortlich zu machen.

Hör auf, in Deinem Leben nach einem Sündenbock zu suchen,
sondern sei bereit, anzuschauen, wo die wahre Ursache liegt

— in Dir selbst —
und richtig zu machen, was Du falsch gemacht hast.

Wenn Du erkennst, daß es nur an Dir selbst liegt,
wenn die Dinge schwierig werden und Du nicht mehr in
Einklang bist,
dann erkennst Du auch, daß Du es bist,
der diese Unordnung beseitigen kann;
dann brauchst Du nicht darauf zu warten, daß jemand kommt
und etwas verändert,
sondern Du kannst sofort beginnen, selbst etwas dafür zu tun.
Wie oft hast Du Dir in letzter Zeit gesagt:
"Wenn nur der und der sich nicht einmischen würde,
wenn nur das und das nicht geschehen wäre,
wie anders wäre dann alles."

Hör auf, mit dem Finger auf andere zu zeigen.
Hör auf, anderen die Schuld zu geben,
und fang an, Deine eigenen Unstimmigkeiten zu klären,
gleich jetzt, auf der Stelle.

Hör auf, vor Dir selbst davonzulaufen,
das kannst Du ja doch nicht.
Sieh es ein,
und fang an, Dich zu ändern,
nicht die Anderen, und nicht Deine Umgebung.

Du kannst bis ans Ende der Welt gehen,
aber DU wirst immer da sein,
DU bist es, der sich ändern muß,
und DU bist der Einzige, der etwas dazu tun kann.

Vergeude keine Zeit mehr mit Nachdenken,
sondern geh gleich zum Handeln über,
und sieh, wie Du durch rechte und positive Gedanken und
Ansichten Dein ganzes Leben verändern kannst,
UND BRING DICH IN EINKLANG.

Laß Dein Bewußtsein immer weiter werden.
Du merkst, wie Du anfängst, Dinge zu verstehen und zu leben,
die vorher nur leere Worte für Dich waren,
   Worte, die immer wiederholt wurden,
      und Du dachtest, 'was für wunderschöne Worte',
   aber sie waren nicht lebendig für Dich.

Du bist es, der Meine Worte zum Leben erwecken muß,
   Du mußt ihnen die Lebenskraft geben,
      und genau das hast Du früher so oft versäumt.
Aber nun ist Dein Bewußtsein weiter geworden
und Du beginnst, alles, was Ich sage, in die Tat umzusetzen.
Das heißt, durch Dein Handeln wirst Du allmählich erkennen,
wie Meine Verheißungen wahr werden,
   Verheißungen, die Ich Euch immer und immer wieder
   gemacht habe,
   aber bevor Ihr merkt, daß Ihr etwas tun müßt, um sie
   wahr werden zu lassen,
   bevor Ihr merkt, daß Ihr zu Meinen Händen und Füßen
   werden müßt,
   solange müssen diese Verheißungen im Verborgenen schlummern.

Jetzt möchtest Du die früheren Botschaften noch einmal
durchlesen
   und herausfinden, wo Du vom Weg abgekommen bist.
      Das wäre jedoch völlige Zeitverschwendung.
Alles, was Ich möchte, ist, daß Du jetzt das Leben in seiner
ganzen Fülle lebst,

daß Du jeden Tag sorgfältig beobachtest,
was Ich Dir zu sagen habe,
und dann, wenn Handeln erforderlich ist,
sofort zum Handeln übergehst,
was immer es auch sein mag,
und daß Du niemals Zeit damit verschwendest, zu hinterfragen,
was Ich Dir zu sagen habe.

So wirst Du sehen, wie in Deinem Leben wirklich etwas geschieht.
Viele große und wunderbare Veränderungen geschehen
durch kleine Taten, die die Türen öffnen.

Ein Wort hier,
ein Brief dort,
irgendeine Tat
— all das sind Schlüssel, die lange verschlossene Türen öffnen.
Manchmal wirst Du die Schlüssel
oder sogar die Schlösser rostig finden;
hier bedarf es des glättenden Öles von Liebe und Verständnis:
manchmal muß es ganz sanft ausgegossen werden,
Tropfen für Tropfen,
ein andermal braucht es sehr viel, um den Rost zu beseitigen
— in jedem Fall ist großes Einfühlungsvermögen vonnöten.

Jeden Tag sollst Du das Gefühl haben,
daß Du einen Schritt auf dem Weg vorangekommen bist.
An manchen Tagen mag der Schritt leicht sein,
vielleicht bemerkst Du den Fortschritt gar nicht;
an einem anderen Tag erschien Dir der Schritt wirklich mühsam,
und der Weg war holprig und steil,
und Du fühlst Dich ganz erschöpft von der Anstrengung.

Dann ruhe Dich aus, in Meinem Frieden und Meiner Stille;
erwache erfrischt
und erholt
und entschlossen, den nächsten Schritt zu tun,
und Du wirst auf dem Weg voranschreiten
und wissen, daß jeder Schritt Dich näher ans Ziel bringt.

Verzweifle nie,
    gib niemals auf,
        jede Bemühung lohnt sich reichlich,
jedes überwundene Hindernis ist ein weiterer Meilenstein auf
                                        dem Weg.
Suche Meine Hilfe bei jedem Schritt;
    achte auf die Anweisungen, die Ich Dir gebe.
    Ich führe Dich
    — folge Mir nach.

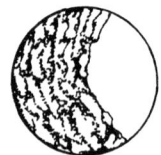

Gib Dich allem, was Du tust, ganz und gar hin
und was immer Du tust, tu es von ganzem Herzen,
mit echter Freude
und Liebe
und zu Meinem Ruhm und Meiner Ehre.
Sieh, wie daraus die wunderbarsten Dinge entstehen,
    denn wenn alles in reinster Liebe getan wird,
        wie könnte es da anders sein?

Fließe mit dem Rhythmus der Natur,
    nicht gegen sie;
    die natürlichen Rhythmen sind vollkommen,
    nichts geschieht zum falschen Zeitpunkt,
                    zur falschen Jahreszeit
                        oder am falschen Ort.
Für alles ist Platz,
und alles ist an seinem rechten Ort.
Friede und Harmonie herrschen
und Mein Reich ist gekommen.

84

Ich werde Euer ganzes Leben führen und lenken,
wenn Ihr es zulaßt.
Wenn Ihr bereit seid, alles Mir zu übergeben
und nichts zurückhaltet,
dann wird alles, was Ihr braucht, auf wunderbare Weise da sein
und Ihr werdet im Überfluß leben.
Nichts in Euch wird den Fluß dieser Fülle aufhalten,
denn Ihr öffnet die Schleusen,
wenn Ihr Euch ganz Mir übergebt.

Laßt Euch nicht von Furcht zurückhalten.
Ihr habt nichts zu verlieren und alles zu gewinnen,
wenn Ihr das nur erkennen
und alles in Meine Hände übergeben wollt.
Vollkommene Liebe schließt alle Furcht aus,
Ihr könnt Mich nicht fürchten und zugleich lieben,
denn Liebe und Furcht gehen nicht Hand in Hand
— sie sind wie Öl und Wasser und vermischen sich nicht;
deshalb wandelt alle Furcht in Liebe um,
und seht, wie wunderbar Eure Leben fließen
und wie alles sich vollkommen ineinander fügen wird.

Furcht ist das größte Hindernis im Leben,
je schneller Ihr deshalb davon frei werdet, desto besser.
Es genügt nicht, die Furcht einfach hinauszuwerfen
— Ihr müßt den Freiraum mit Liebe füllen,
und noch mehr Liebe,
bis soviel Liebe in Euch ist, daß für nichts anderes Raum bleibt.

Dann kann Ich in völliger Freiheit wirken,
und Meine Wunder und Herrlichkeiten können in Eurem
Leben Form annehmen
und alles wird sehr gut sein.

Gehe einen Schritt nach dem anderen in diesen Rhythmus hinein.
Nimm ihn vollständig in Dein ganzes Sein auf,
bis er Teil Deiner selbst wird
und Du in diesem Rhythmus allen Lebens schwingst

und weißt, was Ganzheit bedeutet,
und was es bedeutet, mit der ganzen Schöpfung
in Einklang zu sein
und so in Einklang mit Mir.

Ich bin der Schöpfer alles Geschaffenen.
Ich bin alles Leben.
Erhebe Dein Bewußtsein,
laß es weit werden,
erkenne, daß Ich im Inneren eines jeden von Euch bin,
daß dieses ganze, vollkommene Leben in Dir ist,
daß nichts Dich von diesem Wunder trennen kann
als nur Dein eigenes, begrenztes Bewußtsein.

Laß los
und laß es weit werden
und immer weiter
und laß nichts dieses Weiterwerden Deines Bewußtseins aufhalten,
bis Du akzeptieren kannst, daß Ich in Dir bin
und Du in Mir,
und daß wir eins sind,
eins,
eins.

Spiele nicht nur mit diesem Gedanken,
sondern erkenne, daß es wirklich so ist
und nimm es an.
Vorher kannst Du nicht in das Neue hineingehen.

Viel zu viele von Euch spielen noch mit dem Gedanken herum,
dem Gedanken, daß alles eins ist
und eine in sich geschlossene Ganzheit ist
und sind doch nicht so ganz bereit, es als Tatsache zu akzeptieren
und mitten hineinzutauchen
in absolutem Glauben und Vertrauen,
und ihr Einssein mit Mir anzunehmen.

Verschwende keine Zeit mehr.
TU ES JETZT.

86

Es ist Frühling.
Das neue Zeitalter ist angebrochen.
Erwacht aus Eurem Schlaf
  und seht die Wunder der Zeit,
    denn es ist wirklich eine wunderbare Zeit, in der Ihr alle lebt.

Wunder über Wunder warten darauf, sich zu entfalten.
Seht das Beste in allem, was geschieht.
Seid auf Veränderungen gefasst
  und geht mit ihnen mit,
    und laßt nichts in Euch sein, was sie aufhalten könnte.

Fürchtet Euch nie vor dem Neuen,
dem Unbekannten,
sondern geht furchtlos hinein,
  in dem Wissen, daß Ich immer bei Euch bin
  und daß Ich Euch nie verlasse.
  Wenn Ich für Euch bin, wer kann gegen Euch sein?
  Erkennt Mich in allem,
  und gebt Mir den Ruhm und die Ehre.
Erhaltet nichts für Euer kleines Ich, damit dieser wunderbare Fluß
in Eurem Innern nicht behindert wird.

Es ist das Goldene Zeitalter, in das Ihr hineingeht.

Immer, wenn etwas Neues geboren wird, bringt es Veränderung
                                          und Schmerz,
  aber wenn die Geburt überstanden ist, ist aller Schmerz vergessen.

Macht Euch also keine Sorgen
und kämpft nicht gegen die Veränderungen dieser Zeit.

Die dunkelste Stunde liegt vor dem Aufgang des herrlichen Morgens.
   Die Morgendämmerung ist schon angebrochen,
      sie folgt Meiner vollkommenen Gesetzmäßigkeit
      und nichts kann sie aufhalten.
Das ganze Universum schwingt in diesem vollkommenen Rhythmus,
   warum nicht auch Ihr?
      Geht hinein in diese Gesetzmäßigkeit,
      und fließt mit ihr, anstatt dagegen anzukämpfen.

Je mehr Ihr Euch gegen die Veränderung wehrt,
   umso mehr Schmerz und Leid bereitet Ihr Euch.
   Es ist der Widerstand, der Schmerz verursacht.
Laßt los
   und laßt Mich das Steuer übernehmen,
   und seid in vollkommenem Frieden.

Sucht und findet zu allen Zeiten Frieden, Heiterkeit und Ruhe
und laßt Euer ganzes Wesen davon erfüllt sein;
   strahlt diesen Bewußtseinszustand aus,
   denn was im Inneren ist, spiegelt sich außen wider.

Laßt kein Gefühl des Konkurrenzkampfs in Euch sein.
Wenn Ihr erkennt, daß jeder von Euch seinen besonderen Part
in dem Ganzen zu spielen hat, dann wird aller Wettbewerb
verschwinden,
   und Ihr werdet ganz entspannt
   und einfach Ihr selbst sein können.
Wieviel einfacher wird das Leben, wenn Ihr aufhört,
etwas zu wollen, was Euch nicht entspricht.
Schlagt nicht alles über einen Leisten.
Jeder von Euch hat seine ganz besondere Rolle in diesem Spiel,
   also spielt sie, und gebt Euer Bestes.

Ich sage Euch, liebet einander.
   Tut Ihr es wirklich?

Oder ist es immer noch so, daß Ihr Euch nur toleriert
und Euch entschuldigt, indem Ihr sagt, es gibt bestimmte Menschen,
mit denen könnt Ihr nicht zusammenkommen, denn es liegen
Welten zwischen Euch, und man könnte ebenso gut versuchen, Öl
und Wasser zu mischen, wie zu erwarten, daß Ihr sie liebt?

Ihr seid alle Meine Geliebten,
    und je eher Euch das bewußt wird, desto besser,
denn von Meiner Sicht aus seid Ihr alle eins,
    und Meine Liebe fließt in gleicher Weise zu jedem von Euch.
Wenn Ihr annehmen könnt, daß Ihr eins seid mit Mir,
    werdet Ihr annehmen können, daß Ihr untereinander eins seid,
        und Ihr werdet lernen, als Einheit zu leben
            und zu arbeiten.

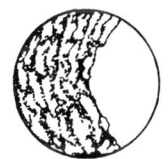

EINHEIT

Ich sah die Strahlen eines Lichtes zur
Erde herabkommen, und sie breiteten
sich über die ganze Erde aus.
Dann sah ich Lichtstrahlen aufsteigen,
und indem sie höher und höher stiegen,
schienen sie sich einander zu nähern
und verschmolzen zu einem einzigen
großen Strahl, der zur Quelle allen
Lichtes emporstieg.
Ich hörte die Worte: "Sei in Frieden.
Steige empor. Alles ist eins in meinem
göttlichen Licht."

Seid in Frieden
und seht das deutliche Muster und den klaren Plan, die Eurem
Leben zugrundeliegen.
Nichts geschieht zufällig.

Es gibt Zeiten, in denen Ihr blind seid
und diesen Plan nicht erkennen könnt
— ja Ihr zweifelt sogar bei manchen Ereignissen
und stellt sie in Frage
und werdet unzufrieden, weil die Dinge nicht so laufen,
wie Ihr es Euch vorgestellt habt.

Am besten habt Ihr gar keine festen Vorstellungen,
es sei denn, Ich gebe Euch bestimmte Ideen
und bitte Euch, sie fest im Bewußtsein zu halten,
sodaß sie Form annehmen
und auf dieser Ebene sichtbar werden können.

Dann geht fest entschlossen daran
und laßt Euch von nichts und niemandem jemals aufhalten.

Meine Wege sind vollkommen,
wenn auch zuweilen sehr seltsam.
Es verwirrt und befremdet Euch sogar, wie seltsam sie sind.

Denkt daran, Meine Wege sind nicht die Wege der Menschen.
Wählt immer Meine Wege und geht auf ihnen,
und schaut nicht nach rechts und nach links,
und laßt Euch von niemandem beeinflussen.

Ihr wollt nur Meinen Willen tun,
    also tut ihn.
        Sucht ihn zu jeder Zeit,
und dann schreitet ohne Zögern voran, in dem Wissen,
daß alles sehr gut ist.

Viele, viele Menschen werden sich hierhergezogen fühlen.
    Manche werden kommen, um zu geben,
    andere, um zu empfangen.

Manche werden kommen, die stark sind im Glauben,
andere, die schwach und unsicher sind
und sich fragen, warum es sie hierher zog
und was das alles zu bedeuten hat.

Für alle ihre Bedürfnisse muß gesorgt werden.
    Jeder von Euch hat jedem Menschen etwas Einzigartiges
    zu geben.
    Gebt und gebt ohne Zögern,
    und scheut keine Mühe.
Es ist Mein Werk, das Ihr verrichtet,
deshalb tut es mit vollem und freudigem Herzen.

Nehmt alle, die kommen, in Euer Herz;
fürchtet Euch vor niemandem.
    Liebe reißt alle Schranken nieder,
    Liebe überwindet alle Hindernisse,
    Liebe vereint und schafft Frieden und Harmonie;
laßt deshalb Meine göttliche Liebe durch Euch hindurch fließen
und hinaus zu jenen, die sie brauchen.

Versucht nicht, in den alten Trott, in alte Gewohnheiten und
Geleise zurückzufallen
— alles ist neu.
    Große Veränderungen bahnen sich an,
        nichts kann jemals sein wie früher,
            vor Euch liegt das herrliche Neue.

Schaut nicht zurück,
sondern immer nach vorn,
in Freude und Erwartung
und nie mit Besorgnis,
denn alles liegt in Meinen Händen.

Haltet Euch fest an Mir
und nur das Vollkommene kann geschehen.
Freut Euch und seid glücklich,
denn dies sind große und herrliche Tage.

Diese Zeit, die Du an jedem Morgen mit Mir verbringst,
wird Dir für den ganzen übrigen Tag zugute kommen.
Du bist wie eine Batterie, die aufgeladen wird:
am Ende des Tages bist Du ausgelaugt
und brauchst diese Zeit zum Auffüllen,
dann kannst Du den Tag in der rechten Weise beginnen.

Wenn Du am Abend im richtigen Bewußtsein einschläfst,
wenn Du Dich Mir ganz anheim gegeben hast,
dann kannst Du während der ganzen Nacht wieder
aufgeladen werden.
Was dann noch fehlt, bekommst Du am nächsten Morgen von Mir,
wenn Du diese Zeit
im Gebet,
in Meditation,
und im Hören und Niederschreiben Meines Wortes
verbringst.

In solcher Höchstform beginnst Du dann den neuen Tag voll Eifer
und entschlossen, alles noch besser zu machen als gestern
und Meinem Wort allein zu gehorchen.

Jeder Tag soll Dich in diesem spirituellen Leben
einen Schritt voranbringen.
Du magst diesen Schritt nicht immer gehen
oder überhaupt das Gefühl haben, daß Du ihn getan hast,
so klein ist er vielleicht;
solange Du aber fest entschlossen bist, voranzukommen,
wird es Dir auch gelingen.

So unendlich vieles liegt in Deiner Hand,
an Deiner Entschlossenheit.
Wenn Du nur so herumsitzt
und Dir einredest, Du kämst keinen Schritt voran,
wirst Du auch nicht weiterkommen.
Wenn Du aber jeden Morgen entschlossen bist, Meinen Willen zu tun
und Meinen Spuren zu folgen,
kommst Du bestimmt weiter
und schreitest auf dem Weg voran, den Ich Dir bereitet habe,
und das Werk wird niemals behindert.

Für Selbstzufriedenheit ist wirklich keine Zeit.
Es gibt immer Raum zum Voranschreiten,
zur Veränderung,
doch es liegt in Deiner Hand, ob Du es tust.
Nichts und niemand kann Dich dazu zwingen;
Du bist frei, in allem Deine eigene Entscheidung zu treffen.
Du kannst Hilfe bekommen oder jemand kann Dir den Weg
zeigen,
aber ob Du das annimmst, ist Deine Sache.
Den nächsten Schritt auf dem Weg
mußt Du aus eigener Kraft tun.

Deshalb zaudere nicht an der Schwelle.
Eine große und herrliche Zukunft zieht herauf,
geh stetig voran.

Verändere Dich immerzu,
  entfalte Dich wie eine Blume
    in der Sonne Meiner Liebe und Führung.
Laß keinen Widerstand in Dir sein.
Suche immer Meinen inneren Frieden.

Bewahre Dir den Sinn für Humor.
Der Feind haßt es, wenn Du das Komische an seinen spitzfindigen
Tricks siehst und ihm ins Gesicht lachst.
Da macht er kehrt und flieht.
Deshalb lache
und versuche in allem, die komische Seite zu sehen.

An manchen Tagen scheint der Feind hinter jeder Ecke zu lauern;
  und doch fühlst Du Dich am Ende des Tages nicht von ihm
    niedergedrückt oder heruntergezogen,
      wenn Du über ihn lachen
        und überall das Komische sehen kannst;
          auf diese Weise siegst Du und stellst Dich über ihn.

Schwinge Dich höher und höher empor.
Laß Dich von gar nichts herunterziehen.
Ich bin immer bei Dir,
  erhebe einfach Dein Bewußtsein
    und finde Mich
      und folge Mir.

97

Ganz gleich, wie gering Deine Aufgabe ist,
Du kannst sie immer mit Mir tun.
Ich bin immer bei Dir.

Schiebe Mich nie von Dir weg,
meine nicht, Du müßtest alles alleine machen,
weil Du doch nicht von Mir verlangen kannst, daß Ich mitmache.
 Ich möchte so gern, daß Du jede Sekunde des Lebens
 mit Mir teilst,
das kann Ich gar nicht nachdrücklich genug betonen.
Ich möchte nicht, daß Du Mich aus irgendeinem Teil Deines
Lebens ausklammerst,
und Du wirst merken, daß das immer leichter für Dich wird,
wenn Du Dir bewußt wirst, daß wir eins sind.

Dies ist die kostbarste Wahrheit;
 wenn Du sie einmal voll angenommen hast
 und ständig im Bewußtsein dieser Einheit lebst,
 kann Dein Leben nie mehr getrennt von Mir verlaufen;
 Du wirst alles mit Mir tun,
 für Mich,
 zu Meinem Ruhm und zu
 Meiner Ehre.

Es gibt Zeiten, da bist Du Dir dieser Einheit ganz bewußt;
 dann wieder, wie ein Kind, das auf eigene Faust auf
 Entdeckungsreise geht,
 ziehst Du los und vergißt Mich ganz.

Das Leben gefällt Dir,
und Du freust Dich Deiner Selbstständigkeit
und fragst Dich, warum Du so etwas nicht öfter unternimmst,
alles verläuft so reibungslos.

Dann, ohne jede Warnung, rutschst Du plötzlich aus
und findest Dich in einem Sumpf ohne Boden.
Du versuchst, herauszukommen,
aber je mehr Du strampelst,
desto tiefer sinkst Du ein.
Du schreist um Hilfe,
und je verzweifelter Du wirst,
desto lauter wird Dein Schreien.

Dann fühlst Du Dich emporgehoben aus dem Schlamm,
der Dich hinunterzog,
und Du liegst auf festem Grund,
dreckig,
erschöpft,
sehr reumütig
und fest entschlossen, nie wieder auf eigene Faust loszuziehen.

So handelst Du von Zeit zu Zeit;
aber es wird immer seltener,
und schließlich siehst Du ein, wie hoffnungslos Dein Leben
ohne Mich ist.
Du brauchst Mich immer.
Es gibt viel zu viele Abgründe auf Deinem Lebensweg,
um ihn ohne Hilfe zu gehen;
deshalb nimm Mich als Deinen ständigen Führer und Begleiter an
und laß uns gemeinsam durchs Leben gehen.

Ich werde Dich auf die Höhen begleiten
und Ich werde in den Tiefen bei Dir sein,
und es wird Dir kein Leid geschehen.
Fest mit Mir verbunden kannst Du Dich absolut sicher fühlen,
auch wenn Du stolperst und fällst.
Ich bin da, Ich werfe Dir den Rettungsring zu,

ziehe Dich wieder heraus
und stelle Dich auf die Füße.
Wenn Du Dich beim Fallen verletzt hast,
bin Ich da, um Dich zu heilen
und für Dich zu sorgen.

Eine solch wunderbar nahe Verbindung wünsche Ich Mir mit
allen Meinen Kindern.
Ich bin Dir wahrlich näher als Dein Atem,
näher als Deine Hände und Füße;
aber Du mußt Dir dessen immer bewußt sein
und nie auch nur einen Augenblick anders denken.
Dies ist unsere wirkliche Verbindung,
erhebe Dein Herz in tiefer, tiefer Dankbarkeit.

Ich werde nicht müde, die Wichtigkeit dieser Verbindung
zwischen uns immer wieder zu betonen,
denn sie ist lebensnotwendig,
und Du mußt Dir dessen immer bewußt werden,
denn wenn überall um Dich herum Chaos und Verwirrung herrschen,
mußt Du Dir dieser Geborgenheit absolut sicher sein,
sonst bist Du nicht fähig, fest zu stehen,
sondern wirst kehrtmachen und weglaufen,
und es wird keinen Ort geben, zu dem Du fliehen kannst.

Deshalb sei fest in Mir gegründet,
dann kann Dich nichts umwerfen oder erschüttern.

Eines Tages wirst Du klar erkennen, warum Ich Mich immer
wiederhole,
und Du wirst dafür unendlich dankbar sein.

Jede Erfahrung im Leben,
  wie schmerzhaft sie auch sein mag,
die Dich Mir immer näher bringt
und Dich erkennen läßt, daß Du ohne Mich nichts vermagst,
daß Du Mich immer und an allen Orten brauchst,
ist ein Grund, unendlich dankbar zu sein,
und Du sollst sie mit tiefer Dankbarkeit willkommen heißen.

Jetzt lernst Du verstehen, was es heißt, eins mit Mir zu sein.
  Das gesagt zu bekommen,
    darüber zu lesen,
      über diese Worte nachzudenken,
ist etwas ganz anderes als sie zu leben
  und mit ihnen in Einklang zu sein
    bis sie Teil Deiner selbst sind.

Das war etwas, das Du erst kürzlich zum ersten Mal erlebt hast,
eine Erfahrung, die Du nie vergessen sollst,
und Du sollst lernen,
sie ständig in die Praxis umzusetzen.
Am Anfang wirst Du Dich ständig darum bemühen müssen,
  Du wirst die Vorstellung in Deinem Bewußtsein halten müssen,
  und wenn sie verblaßt,
    mußt Du sie bewußt zurückholen.

Ja, sie wird verblassen
  und Du wirst sogar von Zeit zu Zeit daran zweifeln;
aber wenn Du Dich darum bemühst,
  wird es Dir augenblicklich wieder bewußt werden,
    und Du wirst ohne jeden Zweifel wissen,
      daß Du tatsächlich eins bist mit Mir, Deinem Gott,
        Deinem Geliebten.
Und wenn Dein Bewußtsein erhoben ist,
  wirst Du einfach in jedem Augenblick wissen,
  wie Du Dich verhalten sollst:
    Du wirst nur so handeln, wie Ich handeln würde,
    nur tun, was Ich tun würde,
    nur das Leben leben, das Ich leben würde.

Du wirst tatsächlich lernen, dieses Leben in Übereinstimmung
mit Mir in echter Freude zu leben.
Du wirst wissen, was das bedeutet:
Friede, der alles Verstehen übersteigt.

Ich höre den Schrei aus Deinem Herzen,
"Wie lange noch, wie lange?"
Es wird nicht mehr lange dauern.
Wenn Du immer danach strebst
    und Dich nie damit zufriedengibst, ziellos dahinzutreiben,
    wirst Du die Vollkommenheit erreichen.

Ja, Ich sagte 'Vollkommenheit'.
Ist das nicht Dein Ziel?
Ist das nicht, wonach Du strebst,
    Mir gleich zu sein,
    für immer eins zu sein mit Mir?

Ich höre Dich sagen, "Wie kann das in dieser Welt geschehen?"
Du sollst wissen:
    es kann nicht nur in dieser Welt geschehen,
    es MUß geschehen.
Habe Ich Dich nicht gebeten, über Dich hinauszuwachsen
und Mein himmlisches Reich auf diese Erde zu bringen
und dafür zu sorgen, daß Mein Wille hier auf Erden geschehe,
so wie im Himmel?

Ich bitte Dich nie um Unmögliches.
    In dem Maße, wie Du lernst, in Mir zu leben,
    Dich in Mir zu bewegen und Dein Sein in Mir zu haben,
    wirst Du Meinen Willen erfüllen können.
Aber lebe ihn,
und hör auf, darüber zu reden.

Suche Mich auf Schritt und Tritt,
    und Du wirst genau wissen, wie Ich handeln würde;
      dann folge Meinen Spuren
        und vergiß nie, daß Meine Wege sehr seltsam sind

und nicht wie die Wege der Menschen,
sodaß Du Dich nicht an ein festes Muster halten kannst.

Handle aus dem Geiste,
geh auf Meinen Wegen,
und sieh Meine Wunder und Meine Herrlichkeit.

Du hast nun schon den Punkt erreicht, wo Du weißt, daß Du
diese Zeit des Friedens und der Stille jeden Morgen wirklich
brauchst;
diese Zeit, in der Du Mich suchen und finden kannst
und in der wir ungestört zusammensein und miteinander
sprechen können.

Während des Tages sind so viele Dinge zu tun,
    gibt es so viele Unterbrechungen,
    da ist es nicht leicht, äußeren Frieden zu finden.

Natürlich kannst Du diesen inneren Frieden zu allen Zeiten und
an allen Orten finden;
aber sogar das wird praktisch unmöglich,
wenn Du Dir keine Zeit nimmst,
um in den frühen Morgenstunden bei Mir zu sein,
wenn alles neu und frisch
und der Tag noch ganz makellos ist.

Beginne den Tag stets mit Mir,
dann wird es soviel leichter für Dich sein, den Rest des Tages in
Meiner Gegenwart zu leben.

Es gibt so viele kleine Dinge, die Dich während des Tages aus der
Bahn werfen können.
Du brauchst einen Anhaltspunkt, an dem Du Dich orientieren
kannst, wenn das geschieht;
    und dann wird die Zeit am frühen Morgen,
    die Du mit Mir verbracht hast,
        unendlich wertvoll,
die Zeit, in der Du lernst, der stillen kleinen Stimme zu lauschen,
die Meine ist,
und aufzuschreiben, was Ich zu sagen habe.

Dann, wenn die Dinge während des Tages schwierig werden
    und Du merkst, wie Du aus dem Gleichgewicht kommst,
        kannst Du sofort zu diesem Anhaltspunkt zurückkehren
        und wieder auf den richtigen Weg finden,
            ohne Dich dauernd im Kreis zu drehen
            und so kostbare Zeit und Energie zu verschwenden.

Du wirst immer wieder finden, daß Du vielleicht nicht alles,
was Du gerade liest, in diesem Augenblick auch brauchst,
aber irgendwann während des Tages erinnerst Du Dich daran,
und Du wirst Hilfe und Trost daraus schöpfen.

Versuche nie, das Gelesene im Kopf zu behalten.
Wisse jedoch, daß Dein Unterbewußtes es aufnimmt und bewahrt,
    um es hervorzuholen, wenn es gebraucht wird.
Das geschieht mit allem, was Du in dieser Zeit lernst;
    nicht ein einziger Augenblick ist umsonst,
es wird alles gespeichert,
es geht ganz in Dich ein;
    und wenn Du es wirklich brauchst,
        wirst Du merken, daß es so sehr Teil von Dir selbst geworden ist,
        daß es nun von selbst auftaucht.

So ist jeder Augenblick, den Du damit verbringst, etwas zu lesen,
    etwas zu studieren,
        von größtem Wert.
Sei nicht bedrückt, weil Du merkst, daß Du das Gelesene

von einem Augenblick zum nächsten wieder vergessen hast;
Du nimmst auf, was Du für die Zukunft brauchst.

Langsam aber sicher häufen sich große Reichtümer
in Deinem Unterbewußtsein an.
Schöpfe immer aus diesen Reichtümern;
sie sind dort nicht gelagert, um liegenzubleiben und zu verstauben,
sondern um genutzt zu werden, wann immer es nötig ist.

Was nutzt es, wenn Du Geld auf der Bank hast
und doch verhungerst und Not leidest?
Es ist da, um abgehoben und verbraucht zu werden,
deshalb nütze es weise.

So ist es auch mit all diesen kostbaren Perlen der Weisheit,
die in Deinem Unterbewußtsein aufbewahrt sind;
hole sie ständig hervor und benutze sie,
und schaffe Raum, damit noch mehr gelagert werden kann,
bis es gebraucht wird.

Denke daran, Ich bin grenzenlos
und all Meine Gaben sind Dein;
also ist Dein Vorrat unerschöpflich,
Dein Vorrat an Weisheit,
an Liebe,
oder an materiellen Gütern.
Alles ist Dein,
wenn Du das Wunder unserer Einheit annimmst
und stolz darauf bist.

Wenn Du diese Botschaften durchliest, die Ich Dir gegeben habe,
erkennst Du, welch wunderbare Lehre diese geschriebenen
Worte enthalten
— Weisungen, um in das Neue hineinzugehen
und in dem Neuen zu leben.
Nur allzu oft schreibst Du und schreibst, weil Ich es Dir sage,
aber das, was Du geschrieben hast, bedeutet so wenig für Dich;
und doch, wenn Du darauf zurückblickst,
    erkennst Du, was für unbezahlbare Schätze da verborgen liegen.

Es ist gerade ihre Einfachheit, die sie so kostbar macht.
Viele dieser Lehren werden in den kommenden Tagen von vielen
Menschen befolgt werden;
    sie helfen ihnen,
        sie richten sie auf,
            sie geben ihnen Weisung.
Es wird sich einfach so entwickeln.
    Bleibe nur wach und aufmerksam,
        und allmählich wird alles klar werden.

Du hast immer gedacht, das, was Ich Dir gegeben habe,
bezöge sich auf das Jetzt,
auf diesen ganz bestimmten Tag
— und so ist es auch.
Es paßt aber auch auf jede andere Zeit,
auf jeden, der Antwort auf ein bestimmtes Problem sucht.

Alles ist da,
    enthalten in Meinen Worten,
        so einfach, daß ein Kind es verstehen kann,
            nie geheimnisvoll oder in Gleichnissen verborgen.

Jene, die diese Worte für zu einfach oder zu kindlich halten,
    leiden an geistiger Überheblichkeit;
        aber jene, die ihren Wert erkennen
            und sie als Weisheit annehmen,
                haben wirklich offene Augen
                    und leben in echter Demut und wahrem Vertrauen.

Es wird Dir helfen,
wenn Du hin und wieder zurückblätterst
und liest, was Ich Dir gesagt habe.
Du sagst, Du fühlst Dich dann so unzulänglich.
    Das mag schon sein,
        aber es wird Dir auch helfen, Meine unendliche Liebe und
        Geduld zu sehen,
            und wenn Du sie siehst, wirst Du es besser machen wollen,
            und Du wirst Dich wirklich bemühen, das,
            was Ich Dir immer wieder sage, zu leben
            und in die Tat umzusetzen.

Es wird Dir helfen, wenn Du erkennst, wieviele Male ich Dich
aufhebe,
    wenn Du in den Dreck gefallen bist,
    wieviele Male ich Dich saubergemacht und wieder auf die
    Füße gestellt habe.
Es wird Dich erkennen lassen, daß Ich nie aufgebe,
wenn Ich Meine Hand auf einen Menschen gelegt habe.
    Ich bin immer bei Dir;
werde Dir bei all Deinem Tun stets Meiner Gegenwart bewußt.

Lebe,
    lebe,
        lebe alles, was Ich Dich lehre.
Bring Mein Wort in Deinem Alltag zum Leben.
    Handle, wenn Handlung erforderlich ist,
    sei ganz still, wenn es der Stille bedarf.

Lies immer wieder, was Ich Dir jeden Tag zu sagen habe,
und dann sieh zu, daß Du es Dir nicht nur zu Herzen nimmst,
sondern es lebst,
es in die Tat umsetzt
und damit in Einklang bist.

Wenn Ich sage, 'Sei in Frieden',
oder 'Sei still und wisse, Ich bin Gott',
sind das etwa nur Worte für Dich,
schöne, tröstliche Worte?

Findest Du Dich von diesem Frieden umgeben, sodaß nichts
Dich stören kann?
Findest Du in vollkommener Stille
die Wahrheit in den Worten 'Ich bin Gott'?
Es sind so ungeheuerliche Worte,
die mächtigsten Worte, die je gesprochen wurden.

Wenn Du erkennst, daß es lebendige Worte sind,
wenn Du ihre Macht voll erfaßt,
dann wirst Du merken, daß Du an dem Punkt angelangt bist,
wo Du weißt, was es bedeutet,
Herrschaft über alle Dinge zu haben.
Indem Du Dir diese Worte immer wiederholst
werden sie Teil Deiner selbst.

Wenn Du merkst, daß Du sehr verstört und ruhelos bist,
und Du sagst immer wieder:'Sei in Frieden. Sei in Frieden',
dann kommt langsam ein Gefühl des Friedens über Dich,
und je öfter Du es zu Dir sagst,
desto mehr spürst Du Dich eins werden mit diesem Frieden.

Wiederholen ist eine gute Sache
und solange notwendig, bis Du eine bestimmte Wahrheit
ganz in Dich aufgenommen hast,
bis sie Teil Deines Lebens geworden ist
— Du wirst merken, wie es allmählich geschieht.

Wenn Du also merkst, daß Ich immer und immer wieder dasselbe
zu Dir sage,
dann werde nicht ungeduldig,
sondern erkenne, daß Ich es tue, weil Du das, was Ich Dir sage,
noch nicht voll in Dich aufgenommen hast,
    daß die Worte für Dich noch nicht lebendig geworden sind
    und Du noch nicht in Einklang mit ihnen bist.

Ich habe unendlich viel Geduld,
und Ich werde niemals müde, Dir Meine Wahrheiten nahe zu bringen,
    bis sie schließlich Teil Deiner selbst sind
    und Du sie in jedem Augenblick Deines täglichen Lebens lebst.

Ich habe Meine Hand auf Dich gelegt,
    Ich habe Dich erwählt, eine bestimmte Arbeit für Mich zu tun,
    deshalb werde Ich Dich nicht loslassen.

Ganz geduldig
und liebevoll
belehre Ich Dich immer und immer wieder,
        gehe Dir voran
           und leite Dich.

Ich weiß, Deine tiefste Sehnsucht ist es, Meinen Willen zu tun,
und das ist einer der größten Schritte in die richtige Richtung.
Solange Du diese Sehnsucht hast, Meinen Willen zu tun,
solange kann Ich Dich immer erreichen.

Ich sage Dir ab und zu,
    die Zeit wird knapp,
    und es gibt viel zu tun,
    und es soll keine Zeit damit verschwendet werden, Dinge zu tun,
    die nicht unter Meiner Führung stehen;
    alles, was Du tust, soll mit Meinem Segen geschehen.

Nimm Dir all dies zu Herzen,
auch wenn Du nicht recht weißt, was Ich unter Zeit verstehe;
    laß dieses Wissen Dich zumindest immer wach und aufmerksam
                              halten,

sodaß Du voll im Jetzt lebst,
Dein Bestes gibst
und Meine Anweisungen Wort für Wort befolgst.
Kein Mensch weiß, was der morgige Tag bringen wird,
deshalb lebe das herrliche JETZT in seiner ganzen Fülle.

Wenn Du eifrig suchst,
so wirst Du sicherlich finden, wonach Du Dich sehnst:
Dein Eins-sein mit Mir,
dem Quell allen Lebens,
alles Guten
— aber Du mußt Dir Zeit nehmen zum Suchen.

Es fällt Dir nicht in den Schoß ohne Dein tiefes Sehnen,
Mich zu erkennen,
die Wahrheit zu erkennen
und nicht zu ruhen, bis Du gefunden hast,
was das wirklich für Dich bedeutet.
Diese tiefe geistige Erfahrung der inneren Erkenntnis erlangen nur
jene, die wirklich danach verlangen.
Deshalb plätschere nicht nur oberflächlich ein wenig in diesen
geistigen Erfahrungen,
sondern wisse: wenn Du Dich auf diese abenteuerliche Fahrt
einmal eingelassen hast,
wird Dich so lange nichts befriedigen,
bis Du gefunden hast, was Du suchst,
Dein Eins-sein mit Mir.

Dies ist etwas, das jeder Einzelne für sich alleine tun muß.
   Vielleicht kann Dir jemand den Weg weisen,
      aber alles andere mußt Du selbst tun,
         an Dir ist es, weiterzugehen,
            zu Deiner eigenen inneren Erfahrung.
Ehe Du nicht beginnst, das Gelernte in die Praxis umzusetzen,
weißt Du nicht, wie es in Deinem Leben wirkt.
Du denkst: 'Bei anderen mag es wirken,
      aber bei mir?'
         Was heißt das für Dich: aus dem Glauben heraus leben,
            wenn Du nicht etwas dafür tust
               und ihn auf die Probe stellst?

Bedenke, Du kannst Dich nicht in den tiefen geistigen Erfahrungen
eines Anderen sonnen:
      es hilft, davon zu lesen,
      etwas darüber zu erfahren,
         ja sogar, davon zu hören und darüber zu sprechen;
aber es ist an Dir, sie zu leben
und sie in die Praxis umzusetzen,
wenn Du aus dem Geist und aus dem Glauben heraus leben
                                          möchtest.

All das weißt Du ja,
aber was fängst Du damit an?
      Hörst Du die Worte nur
         oder lebst Du sie?

Niemand kann Dich zwingen, dieses Leben zu führen,
jeder Mensch ist völlig frei in seiner Wahl.
      Welche Wahl hast Du getroffen?

Willst Du Dich zurücklehnen
und für den Rest Deines Lebens den Erfahrungen anderer zuhören?
      Oder willst Du gleich hier und jetzt
         ein Leben beginnen, das ganz Mir gewidmet ist
            und Meinem Werk,
und all die wunderbaren Lektionen, die Du gelernt hast,

in die Praxis umzusetzen,
und sehen, wie sie tatsächlich wirken?

Wie vollkommen leer und nutzlos ist das Leben
    solange Du es nicht in seiner ganzen Fülle lebst
       und alles ausprobierst, um zu sehen,
ob dieses geistige Leben wirklich praktizierbar und lebenswert ist.

Fang jetzt gleich an, etwas dafür zu tun,
verschwende keine Zeit mehr damit, darüber zu reden;
    es wird viel zu viel geredet
      und so wenig getan.

Bleib nicht im Lehnstuhl sitzen mit Deiner Geistigkeit,
    laß sie in Dir lebendig sein
      und pulsieren,
        sodaß alle sie sehen können.

Laß Mich sehen, wie Du wirklich zu leben beginnst
        – gleich JETZT.

Wenn Du im Einklang bist,
    in Harmonie mit allem Leben,
       dann wird nichts Dich verletzen können,
         weil Du vollkommen mit dem Ganzen verschmilzt
        und Herr der Lage bist.
Wenn Du aus der Harmonie gefallen bist
    und in Deinem Inneren Widerstand leistest,

dann wirst Du zum Sklaven
und öffnest Dich so für die negativen Kräfte.

Es ist tatsächlich so,
daß Du herbeiziehst, was Du befürchtest
und daß es Dich dann überwältigt.

Fürchte nichts.
Es gibt nichts zu fürchten, wenn Du mit allem Leben eins bist.

Deshalb ermahne Ich Dich immerfort:
sei Dir Meiner göttlichen Gegenwart stets bewußt.
   Wenn Dein ganzes Sein von Licht und Liebe erfüllt ist,
   dann ist dort kein Raum für etwas Negatives,
   denn Licht und Dunkel können nicht beieinander wohnen,
   ebensowenig wie Licht und Furcht.
Vollkommene Liebe schließt alle Furcht aus.

Was immer Du unternimmst,
wie unmöglich oder schwierig das Werk auch erscheinen mag,
   tu es ohne Furcht,
   in der Gewißheit, daß Du es nicht allein vollbringen mußt,
   weil Ich immer bei Dir bin.
   Ich werde Dir den Weg weisen
und Dir genau zeigen, wie Du mit allem umzugehen hast,
sodaß es wie von selbst geht und sich in Vollkommenheit entfaltet.
Erlaube Dir niemals den geringsten Zweifel,
und schau nie zurück.
Wisse einfach, was Du getan hast ist recht,
und es wird nur das Beste daraus entstehen.
Schreite im Glauben voran
und tu, was getan werden muß,
   und sieh Vollkommenes geschehen.

Wie kannst Du erwarten, daß alles richtig und reibungslos verläuft,
   wenn Du voller Zweifel bist
   und zerrissen von Furcht?
Unversehens errichtest Du damit eine Schranke,

schaffst die falschen Voraussetzungen
und ziehst so das Scheitern herbei.
Alles ist Dein eigenes Werk,
    deshalb suche nie nach einem Sündenbock,
    sondern schau in Dein Inneres,
        erkenne, wo Du fehl gegangen bist,
            und dann ändere es.

Begnüge Dich nie damit, in Deinen Fehlern und Deinem Versagen
zu schwelgen
und in Selbstmitleid zu versinken.
Elend ist der Mensch, der sich selbst bedauert,
der dem Selbstmitleid Einlaß in sein Leben gewährt
und es herrschen läßt.

Sieh Deine Fehler ein;
    lerne daraus,
    sei entschlossen, dieselben Fehler nicht noch einmal zu machen,
    und dann geh weiter.
Danke für all die wunderbaren Dinge,
die das Leben Dir gegeben hat:
    für das Leben selbst,
        für die Gesundheit,
            für all die Schönheit ringsumher,
                für Freunde,
                    für jeden Atemzug,
                        für alles, alles,
                            alles.
Erkenne immer mehr, wie reich Du gesegnet bist
und wieviel Du hast, wofür Du danken kannst.
Dann werden alle Sorgen um Dein kleines Ich und alles
Selbstmitleid verschwinden,
    denn Dein Herz ist erfüllt von Liebe und Dankbarkeit,
        und Du bist im Einklang mit Mir,
            und alles ist sehr, sehr gut.

Strebt nach Einheit,
    Einheit,
        Einheit.
Wenn Einheit herrscht,
dann steht nichts dem Offenbarwerden des unsichtbar schon
Vorhandenen im Wege
und es kann sehr schnell Gestalt annehmen.

Erforscht Eure Herzen.
Ist da etwas in einem von Euch,
    was Uneinigkeit und Trennung verursacht,
was die Verwirklichung der nächsten Phase des Werkes aufhält?
Gibt es da Mißverständnisse,
    Eifersucht,
        Neid,
            oder irgendetwas Negatives, das Euch vielleicht bremst?

Jeder von Euch muß das tief in seinem Inneren suchen und finden.

Es geht nicht darum, es zu diskutieren oder zu zerreden.
Es geht darum, daß jeder redlich und gewissenhaft
und wirklich ehrlich mit sich selber ist.
Wenn Du das Körnchen Sand im Getriebe bist,
das die vollkommene Verwirklichung Meines Planes aufhält,
dann wirst Du das ohne jeden Zweifel erkennen.

Wenn Du es klar erkannt hast,
    dann kannst Du etwas tun:

Du kannst Mich bitten, Dich zu reinigen und zu läutern
und Du kannst wieder in Harmonie und Einklang mit dem
Ganzen kommen
und Einheit und Einigkeit finden.

Mach es Dir nicht bequem
und zeige mit dem Finger auf die Anderen
— nimm Dir einfach die Zeit, um still zu sein,
und in der Stille schau in Dein eigenes Herz.
Wenn Du ein tiefes Gefühl von Frieden und Harmonie darin findest,
dann brauchst Du Dich um nichts zu sorgen;
wenn Du Dich jedoch unbehaglich fühlst
und Entschuldigungen vorbringen möchtest,
und versuchst, Dein Tun und Denken zu rechtfertigen,
dann kannst Du sicher sein, daß tief in Dir etwas verändert
werden muß.
Wenn Du das erkennst,
dann sei nicht bekümmert und laß Dich nicht davon
niederdrücken,
sondern fange gleich an Ort und Stelle an,
Deine Haltung und Deine Einstellung zu ändern.

Ich bin immer da, um Dir zu helfen;
versuche es nicht auf eigene Faust.
Rufe Mich,
und Ich werde Dir antworten
und Dir helfen, alles zu überwinden, was Dir im Weg zu stehen
scheint und was Dich daran hindert, Dich eins zu fühlen mit
dem Ganzen.

Da ist so vieles auf den unsichtbaren Ebenen,
was darauf wartet, Gestalt anzunehmen,
Wunder über Wunder,
Geheimnis über Geheimnis.

Und wieder sage Ich,
strebt nach Einheit
und helft mit, daß sie sich ohne Verzug verwirklicht.

Laßt nichts in Euch sein, was Euch aufhält.
Laß nicht einen Gedanken an Dein kleines Licht
oder an das, was Du Dir für Dich selber wünschst,
den Plan verderben.

Denke nur an das Ganze,
    plane für das Ganze,
        arbeite für das Ganze,
            gib dem Ganzen,
und hilf so wirklich mit, den Gang der Dinge zu beschleunigen.

Es gibt einen vollkommenen Plan
und Du hilfst mit, ihn Wirklichkeit werden zu lassen.

Laß Mich Dein Herz,
        Dein Bewußtsein,
            Deine Seele und Dein Sein
mit der Schönheit und Harmonie alles Lebendigen erfüllen.
Sie sind da, ringsumher
            und in Deinem Inneren.
Wach auf und sieh es,
    wach auf
        und sei voller Freude
            und von Herzen dankbar dafür.

Ein Leben voll Schönheit und Harmonie ist eine Freude zu sehen;
es strahlt Gesetzmäßigkeit
            und Ordnung aus,

vollkommenen Rhythmus
und Harmonie.

Ein echtes Kunstwerk,
was immer es ist,
muß ausgewogen sein,
anmutig,
harmonisch
und vollkommen.
Eine schöne Seele spiegelt diese Eigenschaften für alle sichtbar wider.
Habe Ich Dir nicht oft genug gesagt, daß alles, was innen ist,
nach außen strahlt?
Wenn innen Chaos und Verwirrung herrschen,
spiegeln sie sich außen in einem chaotischen und wirren Leben wider
und können nicht verborgen bleiben.
Wenn aber in Dir Frieden,
Harmonie,
Schönheit
und Liebe wohnen
werden Dein Leben und Deine Erscheinung sie außen widerspiegeln.

Um mit dem Rhythmus des Lebens eins zu werden mußt Du die
Kunst des Stilleseins erlernen.
Je stiller Du wirst,
desto klarer kannst Du die Werte Deiner Seele ausstrahlen.

Wie leicht ist es, Deiner Umgebung,
Deiner Lage,
den Umständen
die Schuld an Deiner Verfassung zu geben.
Wie schön, jemanden oder etwas anderes verantwortlich zu machen,
einen Sündenbock zu haben.
Es ist höchste Zeit, daß Du damit aufhörst,
höchste Zeit zu erkennen, daß nur Du selbst für Deinen Zustand
verantwortlich bist,
daß nichts und niemand Dich von außen stören
oder aus dem Gleichgewicht werfen kann,
wenn Du den Frieden und die Stille in Deinem Inneren suchst
und findest.

118

Schau Dich um,
sieh die Schönheit und Vollkommenheit der Natur:
   in der Natur folgt alles einem bestimmten Rhythmus,
   vollkommene Gesetzmäßigkeit und Ordnung herrschen in
   Meinem Universum,
   nichts, was nicht in Einklang wäre,
   alles kommt zu seiner Zeit und am rechten Ort.
Das kann jeder sehen
   und alle können daran teilhaben;
   also stimme Dich ein,
   fließe mit,
und sei Teil der Gesetzmäßigkeit und Ordnung in Meinem Universum.

Bist Du nicht ein Teil des Ganzen?
Warum sonderst Du Dich dann ab, indem Du ein unordentliches,
chaotisches Leben führst?
   Indem Du Deinen Geist mit schönen Gedanken füllst,
      schöne Worte sagst
         und schöne Dinge tust,
wirst Du eins mit dieser herrlichen Ganzheit, die Mein Universum ist,
   die Ich bin,
      und alles fügt sich vollkommen ineinander.

Nimm Dir Zeit, darüber nachzudenken
   und stimme Dich ein,
      bring Dich in Harmonie
         und tu es jetzt gleich.

Indem jedes Individuum in seinem Inneren Frieden und Harmonie
sucht und findet,
werden Frieden und Harmonie die Welt regieren.
Irgendwo muß ein Anfang gemacht werden,
   warum also nicht in Dir,
                     in Dir
                        und in Dir;
und wisse: indem Du Deinen Teil dazu beiträgst, kannst Du helfen,
Frieden und Harmonie in die Welt zu bringen.

Jeder winzige Wassertropfen trägt dazu bei, daß ein mächtiger
Ozean entsteht und alle winzigen Sandkörner bilden zusammen
den Strand
   — so kann jeder Einzelne, der inneren Frieden hat,
   zum Frieden der Welt beitragen.
Weshalb trägst Du nicht Deinen Teil dazu bei?

Laß Dein Bewußtsein weit werden,
und wisse: Ich bin alles, was da ist.
Dann laß es noch weiter werden und immer weiter
   und sieh das All-Umfassende des ICH BIN,
      und sieh ganz klar: Du bist das ICH BIN des ICH BIN,
      und es gibt keinen Ort, wo Ich nicht bin.

Strecke Dich immer weiter aus,
   fühle, wie jede Faser in Dir vom Strecken schmerzt,
   fühle, wie Du wächst
      und alle Fesseln sprengst, die Dich gefangen hielten
      und Dein Wachstum behinderten.

Wie ein winziges, in die Erde gepflanztes Samenkorn seine äußere
Hülle sprengt und zu wachsen beginnt,
      sich ausdehnt,
         und zu seiner wahren Gestalt entwickelt,
so laß Dein wahres Selbst wachsen und sich entfalten,
   bis Du wirst, was Du wirklich bist
      und sieh die Schönheit und Wunder dieses ganzen Vorganges.

120

Erfahre dabei,
  daß Du mit allem Lebendigen eins bist,
    jetzt und für immer;
      Du kannst niemals wieder davon getrennt sein,
        daß Ich in Dir bin,
          und Du bist in dem ICH BIN.

Wenn Du Dir Zeit zur Stille nimmst
  und dies in Dein Sein einfließen läßt,
dann fängst Du an, eine neue Freiheit im Leben zu finden,
dann beginnst Du, wirklich in der Einheit des Ganzen zu leben,
Dich darin zu bewegen und zu sein,
und Du wirst wissen, daß absolut nichts unmöglich ist,
  denn es ist das ICH BIN, das in Dir und durch Dich wirkt,
  und wenn Ich erkannt
    und angenommen werde
      ist alles möglich.

Kannst Du jetzt spüren, wie weit Du wirst?
  Kannst Du alles annehmen, was Ich Dir sage?
  Oder bist Du noch immer voller Furcht und Zweifel,
  fürchtest Du Dich davor, in das Unbekannte hinauszugehen,
  die Wahrheit anzunehmen
  und zu wissen, daß die Wahrheit Dich befreien wird?

Ich werde nicht müde, Dir diese wunderbaren Wahrheiten zu
                                        vermitteln,
  aber solange Du sie nicht annehmen
    und sie gebrauchen, leben und verwirklichen willst,
      sind sie wertlos für Dich.
Durch ständigen Gebrauch werden sie immer wertvoller.

Was fängst Du damit an?
  Es ist an Dir, zu handeln.
    Du mußt glauben,
      denn weißt Du nicht, daß alles von Deinem Glauben
                                        abhängt?
Du mußt glauben,

denn ohne Glauben hältst Du die Verwirklichung all der guten
und vollkommenen Gaben auf, die Ich für Dich bereithalte.
Wenn Ihr ein Geschenk, das Euch gemacht wird, nicht freudig
und dankbar annehmt, so kann es Euch nichts geben.
Laß deshalb nicht Stolz oder falsche Bescheidenheit Dich hindern,
Dein rechtmäßiges Erbe anzunehmen.

Alles, was Ich habe, ist Dein,
   wenn Du Dein Einssein mit Mir,
      ohne jeden Vorbehalt annehmen kannst.
Nimm es an in dem Zustand erhöhten Bewußtseins, wo Du die
Wahrheit des ICH BIN in Dir erkennst.

Wenn Du Meiner Stimme lauschst,
so ist das für Dich das Natürlichste von der Welt.
   Es ist für Dich so natürlich geworden wie das Atmen,
   es ist mit keinerlei Anstrengung verbunden.
Genauso möchte Ich es haben.

Es sollte für Dich nicht notwendig sein, in einen besonderen
geistigen Zustand zu kommen, um Meine Stimme zu hören.
Du sollst sie immer und überall hören können,
   ganz gleich, was um Dich herum geschieht,
   ganz gleich, in welcher Verfassung Du bist
— Du brauchst Mich immer.

Wie es ganz zu Anfang war,
   als die Menschen bei all ihrem Tun ganz selbstverständlich

mit Mir sprachen,
so geschieht es jetzt wieder.

Denk über diese Dinge nach.
Es ist die wunderbarste Beziehung, die ein Mensch sich
wünschen kann;
es ist die Beziehung, die Ich Mir
mit allen Meinen Kindern wünsche.

Nur das kleine Ich steht im Wege.
Du weißt das,
denn wenn immer etwas zwischen uns steht,
so hat das nie etwas mit Mir zu tun.
Ich ziehe Mich nie von Meinen Kindern zurück.
Sie ziehen sich von Mir zurück,
indem sie ihr kleines Ich zwischen uns treten lassen.
Jeder von Euch wirkt in unterschiedlicher Weise,
deshalb vergleiche nie,
halte Dein Herz offen
und Dein Verständnis
und suche Mich zu jeder Zeit.

Lausche den Vögeln,
die Meine Loblieder singen,
und laß Dein Herz erfüllt sein von Freude und Dankbarkeit,
und singe stets Mein Lob.

Meine Werke sind mächtig.
  Meine Wege sind wunderbar.
  Laßt Mich in und durch jeden von Euch wirken.
Arbeitet Hand in Hand mit dem Leben,
geht mit ihm mit
und kämpft nicht dagegen an.

Lerne vor allem, die Schwerpunkte richtig zu verteilen,
und das Wichtigste an die erste Stelle zu setzen.
  Ich habe Dir schon oft gesagt:
  Du kannst nicht erwarten, daß Dir alles in den Schoß fällt,
  wenn Du nicht Deinen Teil dazu beiträgst
  und das Wichtigste an erste Stelle setzt.
Es ist Zeit, daß Du diese Lektion lernst,
denn sie ist so grundlegend wichtig.

Halte einen Augenblick inne in all Deiner Geschäftigkeit
und überlege, was bei Dir an erster Stelle steht:
  Ist es die Arbeit?
  Ist es, gut zu leben?
  Sind es Deine Bedürfnisse?
  Sind es Deine Wünsche?
"Trachtet zuerst nach Meinem Reich."
  Bring Dich in Einklang mit Mir,
    finde Deinen unmittelbaren Kontakt zu Mir
    und alles andere wird Dir dazugegeben werden.

Begreifst Du nicht, daß Deine Verbindung mir Mir weit mehr
bedeutet als alles andere?
  Von dieser Verbindung hängt alles andere ab.

Ich bin die Quelle,
  und ehe Du das nicht begreifst
    und annimmst
      und daraus schöpfst,
        solange geschieht nichts.

Du kannst kein Wasser aus einem Brunnen schöpfen,
  wenn Du nicht einen Eimer holst,
    ihn mit einem Seil herunterläßt,
      ihn mit Wasser füllst
        und wieder heraufziehst.
Du mußt etwas tun,
Du mußt Dir die Mühe machen
und Deinen Teil leisten.
Am Rande des Brunnens stehen und in das Wasser hinunterschauen
zieht es nicht herauf.

So ist es auch mit diesem geistigen Leben:
herumstehen und zuschauen, wie Andere nach den Gesetzen Meines
Willens handeln, macht sie für Dich nicht wirksam.
Zuschauen, wie Andere zu ihrer Einheit in Mir finden,
bringt Dir Deine Einheit nicht.

Jede Seele hat ihr eigenes inneres Suchen und Finden.
Alle haben ihre eigene innere Arbeit,
  müssen selber denken,
    ihre eigenen inneren Kontakte herstellen
      und auf eigenen Füßen stehen.

Niemand kann sich mit den Lorbeeren eines Anderen schmücken,
niemand kann eines Anderen Leben für ihn leben.
  Ihr könnt geistig nicht faul sein,
  Ihr müßt etwas tun.
  Seht es in Eurem täglichen Leben wirken.
Es funktioniert wirklich,
Ihr braucht nur die Augen aufzumachen
und werdet sehen, wie wunderbar es sich im Leben derer auswirkt,
die Mich wirklich lieben,
und Mir in allen Dingen den ersten Platz einräumen.

Nimm Dir Zeit zum Stillesein
  und um zu Dir selbst zu kommen;
    betrachte Deine Beweggründe
      und frage Dich, ob sie mit Deinen hohen Zielen in
      Einklang sind.

Was tust Du für die Dinge, die im Leben wirklich zählen?
Hast Du Deine Schwerpunkte richtig gesetzt?
    Nur Du selbst kannst das für Dich tun,
        niemand kann es Dir abnehmen,
            und es kostet wirklich Zeit und Geduld.
Es kann sogar bedeuten, daß Du Mir dienen mußt
ohne sofort eine Antwort zu bekommen.
    Vielleicht hast Du eine wichtige Lektion zu lernen,
        die Du nur auf diese Weise begreifst
            — indem Du still bist und Mir dienst und wartest
— besonders, wenn Du eine ungeduldige und fordernde Seele bist.

Suche nicht nach Entschuldigungen.
In der Theorie kennst Du alle Antworten:
    jetzt ist es an der Zeit, sie in die Praxis umzusetzen
    und zu sehen, wie sie für Dich wirken,
    nicht für Andere.

Du wirst diese lebenswichtigen Dinge niemals lernen,
    wenn Du sie nicht selber ausprobierst.
    Tu es jetzt,
und verschwende die Zeit nicht mehr damit, darüber nachzudenken.

Sei still,
    ganz ganz still,
        und wisse: Ich bin Gott,
        Ich bin mitten in Dir
        und um Dich herum,
            über Dir
            und unter Dir.
Ich bin überall,
Ich bin in allen Dingen.

Laß Dein Bewußtsein weit werden.
Streck Dich, bis Dir alles weh tut.

Es ist Dein tiefstes Sehnen und Verlangen, die Wahrheit zu
suchen und zu finden;
    deshalb kannst Du sie nicht verfehlen,
        denn jede Seele, die sich aus eigenem freien Willen auf die
        Suche macht,
            wird auch finden.
Jedes Buch, das Du zur Hand nimmst und liest, wirft ein wenig
mehr Licht auf das, was Du suchst.

Du brauchst die Antwort nicht irgendwo in der Ferne zu suchen,
denn sie liegt in Deinem eigenen Sein.
    Du suchst Mich,
Ich bin mitten in Dir.
    Du suchst die Wahrheit,
    sie ist mitten in Dir.
        Du suchst Freude und Glück;
        diese Freude und dieses Glück sind nicht irgendwo draußen,
        Du findest sie wiederum mitten in Dir.
            Du suchst Liebe,
            diese Liebe ist in Dir.
All die Schätze des Himmels sind mitten in Dir.
Hör auf zu suchen,
    öffne stattdessen die Tür
        — tritt einfach ein in diese innere Welt,

Du wirst dort alles finden, was Du Dir wünschst.
Nichts wird Dir vorenthalten bleiben,
denn alles ist Dein, sobald Du seiner nur gewahr wirst.
Ist es nicht wunderbar zu wissen, daß die Tage des Suchens
vorbei sind?
Jetzt brauchst Du nur noch jede Gabe, die Du in Deinem Inneren
findest,
sorgfältig auszuwickeln,
sie genau zu betrachten
und dann guten Gebrauch davon zu machen.

Alle diese Gaben,
jede von ihnen,
müssen gebraucht werden;
ständig sollst Du sie benützen.

Behalte sie niemals für Dich,
verstecke sie nie;
zeige und gebrauche sie,
sie werden durch den Gebrauch immer wertvoller.

Kostbare Perlen, wenn sie im Samtkästchen verschlossen sind,
werden krank vom zu seltenen Tragen;
sie müssen ans Tageslicht,
müssen um den Hals eines Menschen gelegt werden,
damit sie wieder zu vollem Licht und Glanz kommen,
und so ist es auch mit jeder Meiner Gaben.
Bring sie ans Licht, für alle sichtbar,
verberge nichts.

Du weißt, Du bist eins mit Mir;
deshalb lebe in dieser Einheit,
laß sie in Deinem täglichen Leben sichtbar werden.
Trag sie nicht nur an hohen Festtagen zur Schau, sondern immer.

Du trägst die Gabe Meiner göttlichen Liebe in Dir;
laß sie aus Deinen Taten leuchten.
Es ist sinnlos, über Meine göttliche Liebe zu sprechen,

wenn Du sie nicht lebst
und durch das tägliche Leben bezeugst.

Du bist glücklich
— laß Dein ganzes Sein dieses Glück widerspiegeln,
denn es strömt von tief innen heraus.
Öffne die Tür und laß es hinausströmen.
Du kannst nicht sagen, wie glücklich Du bist,
und dann mit langem Gesicht und düsterer Miene einhergehen.
Es muß sich in Deinem ganzen Sein ausdrücken.
Lebe das Glück.
So soll es mit jeder Gabe sein, die Du in Deinem Inneren findest.
Pack sie aus und setze sie voll ein.
Auf diese Weise kannst Du ein erfülltes und herrliches Leben
führen,
so kannst Du allen sichtbar ausdrücken, daß Ich tatsächlich
eins bin mit Dir,
daß Ich tatsächlich in Dir bin.
Laß uns dieses Leben in völligem Einssein miteinander führen.

DIENEN

Ich sah ein Kästchen, gefüllt mit wunderbaren Juwelen und kostbaren Steinen.
Dann sah ich, wie der Deckel zuklappte,
der Schlüssel sich im Schloß drehte und
das Kästchen in einen starken Panzer-
schrank gelegt wurde.
Ich hörte die Worte: "Alle Meine guten
und vollkommenen Gaben sind zum Gebrauch da und nicht, um weggelegt und
in sicherem Gewahrsam gehalten zu werden. Öffnet die Türen Eurer Herzen und
benutzt Meine Gaben zu Meinem Ruhm
und Meiner Ehre."

Schritt für Schritt laß den Weg sich öffnen,
ohne Anstrengung oder Mühe.
Alles ist in Meinen Händen,
alles hat Meinen Segen,
ein fester Plan liegt allem zugrunde,
ein bestimmtes Muster durchzieht alles Geschehen.
Schreite in festem Vertrauen voran
und tue, was getan werden muß.

Halte Dein Herz offen, sodaß Meine göttliche Liebe aus ihm
strömen kann.
Jede Seele braucht die Gewißheit Meiner Liebe.

Meine nie, Du hättest nichts zu geben:
Du hast die kostbarste Gabe des ganzen Universums
zu verschenken,
denn Du bist der Kanal Meiner göttlichen Liebe.
Die Menschheit hungert danach,
die Sehnsucht der Welt nach ihr ist unermeßlich.

Du hast das Gefühl, daß das oft mißverstanden wird;
ja, es ist auch so.
Aber laß Dich dadurch nicht beunruhigen.
Du bist Mein Kanal.
Mein Werkzeug,
und als solches brauchst Du nur Meinen Willen zu tun.
Sorge Dich nicht darum, wie es auf irgendjemanden wirkt
oder wie er darauf reagiert.

Wenn Ich möchte, daß Du etwas sagst,
   etwas schreibst,
      dann gehorche Du Meiner Stimme.
Das Ergebnis mag ganz anders sein, als es Deiner Vorstellung nach
sein müßte.
   Das macht nichts.
Wisse und begreife einfach, daß Meine Wunder nur geschehen
                                                    können,
wenn Mein Wort unbedingten Gehorsam findet.
Tu einfach, was Ich Dir sage,
und überlaß alles andere Mir.

Wenn eine Seele bereit ist, kann Ich in ihr wirken.
Die Samen der Liebe fallen nie auf unfruchtbaren Boden.
   Sie ruhen vielleicht eine Weile,
   aber nach und nach, wenn Voraussetzungen erfüllt sind,
      gehen sie auf,
         und blühen
            und gedeihen.

Also,
säe Du die Samen
und zur rechten Zeit werde Ich sie aufgehen lassen.

Alles ist sehr gut.
Das Werk, das hier getan wird, trägt jetzt viele Früchte;
   Du wirst sein Wunder und seine Herrlichkeit sehen
   und wirst Dein Herz erheben
   und Mich preisen
   und in allem Geschehen Meine Hand erkennen.

Dies ist eine wunderbare Zeit,
   eine wirklich aufregende Zeit;
   mach Deine Augen auf und sieh es.
und begreife, daß Du ein Teil all dessen bist.

Du brauchst Dich gar nicht schrecklich abzumühen, um vollkommen
                                                    zu werden;

behalte einfach das Bild Meiner Vollkommenheit vor Augen,
und wisse, daß Du genau dies entstehen lassen wirst,
Vollkommenheit in allen Dingen;
denn Ich bin in allen Dingen
und Ich bin Vollkommenheit.

Tilge alle Zwietracht und allen Mißklang aus
und sieh nur Harmonie in allem ringsumher;
tilge alle Unvollkommenheit aus
und sieh nur Vollkommenes.

Du kannst es,
Du kannst es sofort tun,
ohne noch Zeit auf die Frage zu verschwenden,
ob es denn wohl möglich sei.
Mit Mir ist alles möglich,
und Ich bin im innersten Zentrum Deines Seins.

ICH BIN der ICH BIN.

Laß die Schwingung dieser gewaltigen Worte Dich ergreifen;
wenn Du das tust, gelangst Du auf eine höhere
Schwingungsebene
und siehst die gewöhnlichen Dinge des Lebens in einem ganz
anderen Licht.
Wo bisher alles ganz gewöhnlich und alltäglich zu sein schien
fängst Du an, ein Glänzen und Leuchten zu sehen,
auf einmal siehst Du Leben und Sinn in allem, was Dich umgibt.
Jetzt lebst Du im Neuen und schwingst mit ihm.

So bekommt das Leben eine ganz andere Färbung:
nichts ist mehr nur schwarz-weiß,
sondern alles schimmert in Farben.
Du nimmst die Farben sehr bewußt wahr
und wirst ganz wach für die Laute der Natur ringsumher.
Bei der Arbeit im Garten
bemerkst Du auf einmal winzige Dinge,
die Du nie zuvor wahrgenommen hast.

Du siehst einen Sinn in Deiner Arbeit,
eine Lektion, die Du zu lernen hast.

Eines Tages hast Du Brennesseln gejätet
und warst ratlos gegenüber einem dicken Nesselbusch;
als Du dann aber ein kleines Büschel nach den anderen angingst,
fandest Du, daß sie ganz leicht herauszuziehen
und zu beseitigen waren.

Du siehst, es ist wichtig, nicht mehr so weit vorauszuschauen,
sondern einfach voll und ganz im Jetzt zu leben
und zu tun, was der Augenblick verlangt.
So kommst Du zurecht mit den Dingen;
wenn Du zu weit vorausplanst, wirst Du von der Menge dessen,
was zu tun ist, so überwältigt,
daß Du die Hände über dem Kopf zusammenschlägst und sagst
'unmöglich', und wirklich unfähig bist, etwas zu tun.

Wenn Du darum den Augenblick voll und ganz lebst
und alles nach besten Kräften tust,
wirst Du auch das scheinbar Unmögliche vollbringen und
nicht einmal merken, daß Du es tust;
und wenn Du zurückblickst
und siehst, was vollbracht worden ist,
wirst Du überrascht sein
und Dein Herz in tiefer, tiefer Freude erheben
und Mir ewig dankbar sein.

Du wirst Meine göttliche Hand in allem Vollbrachten erkennen
und wissen, daß mit Mir alles wirklich möglich ist.

Versuche nie, zuviele Dinge auf einmal anzugehen,
denn Du verschwendest nur Deine Energie, wenn Du Dich
zersplitterst.
Auf diese Weise wirst Du unfähig, irgendetwas vollkommen
oder mit ganzem Herzen zu tun,
denn während Du das tust, sind Deine Gedanken schon
beim Nächsten.

Das heißt, Du hast jene entscheidende Lektion noch nicht gelernt:
die Konzentration auf ein einziges Ziel.
Diese Konzentration ist das Wesentlichste bei allem, was Du
schaffen möchtest.

Hör auf, einem Schmetterling gleich
von einem Vorhaben zum anderen zu flattern
und niemals etwas zu Ende zu bringen;
lerne vielmehr die Kunst, einen Schwerpunkt zu setzen,
die Kunst des Schöpferischen.

Was kannst Du wirklich gut?
Erforsche Dein Inneres
und finde es heraus,
und dann widme Dich dieser Gabe
und konzentriere Dich ganz auf sie.

Bist Du gut in der Musik,
im Singen,
im Theaterspielen,
oder ist es das Malen oder Handwerken,
das Saubermachen
oder Dich um Menschen kümmern?

Was immer es ist,
und ganz gleich, wie normal oder alltäglich es Dir vielleicht
erscheint,
lerne, Dich darauf zu konzentrieren
und entwickle es.
Hör auf, Dich in allem Möglichen zu versuchen,

damit vergeudest Du Deine Kraft und Energie
und erntest nur Mißerfolge.

So viele wunderbare Dinge sind im Leben zu tun,
aber begreife endlich, daß Du nur ein Ding auf einmal tun kannst.
Also fang an
und beschäftige Dich immer nur mit einer Sache auf einmal
und tu die mit ganzem Herzen.

Du wirst in Deinem Tun nur Vollkommenheit erreichen,
wenn Du übst.
Du kannst kein guter Musiker werden, ohne zu üben;
Du wirst nie ein guter Künstler, wenn Du Dir keine Zeit zum
Üben nimmst;
Du kannst nicht erwarten, eine gute Hausfrau und Mutter zu
werden,
wenn Du alles Dazugehörige nicht ebenso übst.

Was liegt Dir am meisten?
Finde es heraus,
und dann geh los und tu es
und freu Dich daran.
Verschwende nicht Zeit und Energie damit, Dich nach etwas
Anderem zu sehnen,
oder Dich woandershin zu wünschen, wo es andere
Möglichkeiten gibt.
Sieh ein, daß Du genau zur rechten Zeit genau am rechten Ort bist,
und daß Dein Hiersein einen besonderen Grund hat,
weil Du eine bestimmte Aufgabe zu erfüllen hast;
deshalb gib alles, was Du hast, in diese Aufgabe hinein,
und erfülle sie mit Liebe und Freude.
Du wirst erfahren, welchen Spaß das Leben machen kann,
und zwar nicht nur Dir, sondern allen, die Dir begegnen.

Welch tiefe Zuversicht wirst Du finden, wenn Du alle Aufgaben
mit Vollkommenheit ausführst
und wenn Du sie zum Wohle des Ganzen tust.
Solange Du dem Ganzen nicht Dein Bestes gibst,

kannst Du nicht hoffen, Teil dieses Ganzen zu werden,
  Du schneidest Dich selbst davon ab
  und es ist keine Ganzheit in Dir.

Sei Du selbst.
"Sei Deinem eigenen Selbst treu."
Wenn Du mit Mir in Verbindung bist
  und Dein ganzes Sein aus Mir schöpfst,
    dann lebst Du Dein höheres Selbst und nie das kleine Ich.
Du kannst wirklich Dein wahres Selbst sein
und von einer spirituellen Ebene aus leben und wirken
  und Zeuge der erstaunlichsten Ereignisse werden.
    Du wirst übernatürliche Dinge geschehen sehen,
    weil Du mit Meinen Gesetzen arbeitest
    und in Einklang bist mit allem Leben.

Indem Du das mehr und mehr lernst
wirst Du Wunder über Wunder erleben,
bis Du voll und ganz verstehst, daß Mir nichts unmöglich ist.
  Aber Du mußt Deinem höheren Selbst treu sein.
  Du darfst Dich vor nichts fürchten
  und mußt bereit sein, ohne Zögern die ungewöhnlichsten Dinge
  zu tun.
Denke immer daran, daß Du von der geistigen Ebene aus wirkst,
nicht von der menschlichen.
  Du arbeitest mit Meinen Gesetzen,
    nicht mit den Gesetzen der Menschen,
      und wenn Meine Gesetze Dich in ein Abenteuer schicken,

dann geh hinaus, ohne einen Gedanken an Dich selbst,
denn Du weißt, es kann nur das Beste daraus entstehen.

Suche weder Anerkennung
        noch Beliebtheit bei Deinen Mitmenschen,
sondern trachte immer danach, Meinen Willen zu tun,
        ganz gleich, was es kostet.
Für die, die den bequemen Weg wählen und um jeden Preis ihren
Frieden haben wollen, ist das nicht leicht.
Ich sage Euch, der Frieden kommt,
        und er wird dauerhaft sein,
        wenn Ihr ihn im Befolgen Meiner Weisungen sucht,
auch wenn sie in dem Moment vielleicht unvernünftig
oder sogar närrisch erscheinen.
        Wenn Du Dich entscheidest, Meinen Willen zu tun
        und auf Meinen Wegen zu gehen,
        dann mußt Du es mit ganzem Herzen tun,
        auch wenn Du nicht weißt, was das vielleicht bedeutet.

Wenn Du lernen willst, Meinem Willen ohne Zögern zu gehorchen
— und das ist eine lebenswichtige Lektion —
dann mußt Du das Angenehme und das Unangenehme
gleichermaßen bejahen.

Nur wenn Du alles gibst
        kannst Du alles empfangen.
In diesem geistigen Leben kannst Du Dir nicht die Rosinen
aus dem Kuchen picken
— es geht um alles oder nichts.

Viele Menschen suchen sich die Teile des Lebens heraus,
die ihnen behagen
und lassen die beiseite, die mit ihren kleinen Wünschen nicht
vereinbar sind.
        Das ist kein spirituelles Leben,
        wenn Ihr Euch herauspickt, was Ihr tun wollt,
        und nicht tut, was Ich von Euch verlange.

Wenn das Eure Einstellung ist, könnt Ihr nicht erwarten,
daß die Dinge sich in ihrer ganzen Vollkommenheit für Euch
entfalten.

Ich brauche Euch voller Hingabe
        und vollkommen Mir und Meinem Werk ergeben
        bevor Ich in Euch und durch Euch
        Wunder wirken kann.

Ihr wißt das alle;
   warum handelt Ihr also nicht danach,
   und zwar JETZT GLEICH?

"Ihr werdet die Wahrheit erkennen, und die Wahrheit wird Euch
freimachen."

Niemals sollt Ihr Eure Herzen und Euer Bewußtsein verschließen;
nie sollt Ihr Euch vor dem Neuen,
        dem Fremden und Seltsamen,
        dem Unkonventionellen fürchten.
Seid bereit, auf Eure Intuition zu hören,
        auf die unmittelbare Eingebung,
die Euch vielleicht etwas vollkommen Neues enthüllt
— etwas, das so neu ist, daß es vielleicht noch nicht einmal
Form und Gestalt hat,
dem vielleicht Ihr Form und Gestalt geben
und es in Worte kleiden müßt.

Nichts ist neu im Universum,
   aber vieles, das während langer Zeitalter verborgen war,
      kommt jetzt ans Licht.
Es war verhüllt,
weil der Mensch es für sich und seine Selbstverherrlichung
                                    mißbrauchte;
so mußten ihm all die wunderbare Weisheit, das Wissen und die
Macht entzogen werden
— bis er gelernt hat, nichts seinem kleinen Ich zuzuschreiben;
bis er erkannt hat, daß er nichts ist,
   und bereit ist, Mir in allem die Ehre und den Ruhm zu geben;
bis er erkannt hat, daß Ich es bin, der in ihm und durch ihn wirkt
   und der es ihm möglich macht, das Werk zu tun.

Meint nicht, Ihr könntet etwas aus Euch selber tun,
   denn sobald das geschieht
      blockiert Ihr den Fluß der Eingebung,
         und Ich weiß sofort, wenn das kleine Ich etwas
                                             an sich zieht.
Seid stets voll Lob und Dankbarkeit
   für alles, was Euch enthüllt wird,
      und dann geht hin
         und benutzt es zum Wohle des Ganzen
— erkennend, daß Ihr nur Meine Kanäle seid,
Meine Boten
und daß all Eure Gaben von Mir kommen.

Ihr sehnt Euch nach der Freude und Freiheit des Geistes
— sie sind Euer,
   sobald Ihr akzeptiert, woher all Eure guten und vollkommenen
   Gaben kommen,
   und Mich als den Quell all Euren Seins erkennt,
   und wißt, daß Ihr ohne Mich nichts seid.

Intellektueller Stolz kann auf diesem geistigen Weg ein
                                          Hindernis sein,
ein echter Stolperstein auf dem Weg zur Wahrheit.
Nicht den Intellekt braucht Ihr

sondern innere Eingebung und spontanes Wissen.
Der Intellekt kommt von außen,
Eingebung und spontanes Wissen jedoch kommen von innen
und können von nichts äußerem beeinflußt werden.

Laßt Euer Lernen von innen kommen;
schöpft aus all dem, was Ihr in Euch habt.
Ihr werdet verblüfft sein, was in Euch ist:
es ist grenzenlos,
denn es kommt von Mir, und Ich bin grenzenlos,
und alles, was von Mir kommt, ist grenzenlos und ewig.

Fang jetzt gleich an, aus dieser Quelle zu schöpfen.
Jeder von Euch hat diese wunderbaren Möglichkeiten in sich,
aber dort bleiben sie verborgen,
bis Ihr Euch entschließt, sie hervorzuholen
und auf die rechte Weise zu gebrauchen.

Mißbraucht Ihr irgendeine Meiner Gaben,
so wird sie Euch entzogen.
Vergeßt das nie.

Holt Meinen Himmel auf die Erde nieder,
das ist Eure Aufgabe.
Es ist Eure Aufgabe,
durch Eure Lebensweise
und Eure Einstellung zum Leben
den Himmel auf Erden zu schaffen.

Das Leben ist wundervoll,
aber Ihr müßt die Augen öffnen
und seine Wunder und Herrlichkeiten schauen.

Ihr müßt bereit sein, all die guten Dinge im Leben zu sehen,
Euch darauf zu konzentrieren,
und die schlechten,
die negativen,
die destruktiven Dinge zu ignorieren
und ihnen keine Lebenskraft zu geben.

Wenn Ich Euch sage: Seht Meinen neuen Himmel und Meine
neue Erde,
dann müßt Ihr die Augen offenhalten.
Sie sind hier,
aber nur wenige Menschen nehmen sie wirklich wahr,
und erkennen, daß sie für alle da sind,
nicht nur zur Freude weniger Auserwählter.
Wenn Ihr nicht wahrnehmt, was um Euch herum vorgeht,
dann könnt Ihr nicht daran teilhaben
und nicht Teil davon werden.

Mit dem Neuen kommen große Veränderungen,
und sehr oft mag der Mensch die Veränderungen nicht,
sodaß er lieber die Augen fest geschlossen halten würde,
damit er im Alten bleiben kann
und nichts zu wissen braucht von dem wunderbaren neuen Himmel
und der neuen Erde,
die da auf ihn warten.

Ihr seht nur, was Ihr sehen wollt,
  für alles Andere bleibt Ihr blind.
Ihr hört nur, was Ihr hören wollt;
  überall um Euch her sind die Wunder und Schönheiten der Natur,
  und doch könnt Ihr einen ganzen Tag lang an ihnen
                                vorübergehen,
    ohne auch nur zu bemerken, was Euch alles umgibt.

Die kleinen Lerchen können sich jubelnd
höher und höher in den Himmel hinaufschwingen,
und Ihr bemerkt das Wunder ihres Gesanges gar nicht,
wenn Ihr Euch nicht die Zeit nehmt, um innezuhalten,
              zu lauschen
                und Euch bewußt zu werden,
                    was da geschieht.

Wieviel versäumt Ihr im Leben,
ganz einfach, weil Ihr Euch davor verschließt,
weil Ihr Euch weigert, Euer Bewußtsein in den Zustand zu erheben,
wo Ihr mit allem Leben eins seid.
Nehmt Euch die Zeit, innezuhalten,
              zu schauen
                und zu lauschen,
damit Euch nichts entgeht
  und Ihr Euch wirklich an allem erfreuen könnt.
    Und dann seid zutiefst dankbar für alles.

Fangt heute an, um Euch herum eine bessere Welt zu schaffen,
durch alles, was Ihr tut,
            was Ihr sagt
              und denkt,
und freut Euch wirklich voll und ganz an allem.

Das Leben ist zur Freude da,
und jeder Tag sollte überfließen von all den guten Dingen im Leben.
Erwartet nur das Beste
und gebt Euch nur mit dem Besten zufrieden.

Dies ist Euch viele Male gesagt worden
— und doch sind viele von Euch noch immer mit dem Zweitbesten
zufrieden,
   entweder weil Ihr Euch unwürdig fühlt für das Beste
     oder weil Ihr einfach zu faul seid, Euer Bewußtsein zu erheben,
      bis Ihr das Beste vor Euch seht
      und dann dieses Beste in Eurem Bewußtsein zu halten,
      bis es Gestalt angenommen hat.

Hier müßt Ihr in die Tat umsetzen, was Ihr über Geduld, Ausdauer
und Beharrlichkeit gelernt habt,
und Ihr werdet sehen, wie wirkungsvoll das ist.

Sei stets dankbar für all die guten und wunderbaren Gaben,
mit denen Ich Dich überschütte.
Nutze sie alle zum Wohle des Ganzen
   und zu Meinem Ruhm und Meiner Ehre,
     und Du wirst echtes und dauerhaftes Glück
     und wahre Zufriedenheit finden.

Nutze Deine Gaben unbedingt
— sie sind Dir zum Gebrauch gegeben.
Laß Dich jedoch nicht von ihnen beherrschen,
betrachte diese wunderbaren Gaben nicht als Deinen Besitz,
klammere Dich nicht eigensüchtig daran fest,
sonst wirst Du sie ganz bestimmt verlieren,
denn sie sind Dir gegeben, damit Du gibst
        und sie teilst
        und Freude daran hast.

146

Jeder Mensch hat etwas, das er teilen kann.
Es gibt Gaben und Besitztümer auf vielen verschiedenen Ebenen.
Du hast vielleicht keine materiellen Güter,
aber Du hast sicherlich andere Gaben, was immer sie sein mögen.

Behalte sie nicht für Dich selbst,
verbirg sie nicht
— sei bereit, sie offen zu zeigen,
enthülle sie
und nutze sie dann so, wie sie genutzt werden sollen:
nie zu Deiner eigenen Ehre,
sondern stets zu Meinem Ruhm und Meiner
Herrlichkeit.

Betrachte nichts als Deinen Besitz,
sondern nutze alles, was Du hast, voll und ganz, und freue Dich
daran.
Die Gaben, die Ich Dir gebe, sind nicht dazu da, daß Du sie
versteckst, sondern daß Du sie nutzt.

Was hast Du zu geben?
Wenn Du es nicht weißt, dann nimm Dir Zeit, es herauszufinden.
Es ist vielleicht etwas ganz Einmaliges
und vielleicht meinst Du, es lohne sich nicht, es zu teilen,
weil es so außergewöhnlich ist,
weil Du nicht sehen kannst, wie es in das Ganze passen soll.
Ich sage Dir,
jede Gabe kann
und soll voll und ganz genutzt werden.

Deshalb seid Ihr alle in dieser Welt versammelt worden,
deshalb seid Ihr alle so verschieden,
damit Ihr alle ein Teil des vollkommenen Ganzen werden könnt,
indem jeder von Euch seine ganz besondere Gabe beisteuert
und zuläßt, daß sie für das Ganze genutzt wird,
ohne den leisesten selbstsüchtigen Gedanken,
ohne jeden Gedanken, was es Euch bringt.

Gib mit ganzem Herzen
   und gib freudig
      und sei dankbar dafür, daß Du etwas zu geben hast,
            was es auch sein mag.
Deine linke Hand braucht nicht zu wissen, was die rechte gibt;
Du brauchst keinen Lärm zu machen um Deine Gaben.
Gib ganz still von ihnen ab
   und sieh beim Geben, wie sie gebraucht werden
      und wie sie sich vollkommen in das Ganze einfügen.

Wie oft habt Ihr sagen hören,
oder die Worte sogar vor Euch hingemurmelt:
   'Was für ein Chaos die Welt heute ist!
   Nichts als Durcheinander und Verwirrung!'

Ihr hattet das Gefühl, nicht viel dagegen tun zu können.
Es schien hoffnungslos,
   ganz aus der Kontrolle geraten,
      und Ihr habt Euch wie die Schnecken in Eure Häuser verkrochen
      und die Welt sich selbst überlassen, sodaß es immer
                                 schlimmer wurde.

Wo ist Euer Verantwortungsgefühl für die Welt?
Erkennt Ihr nicht:
   was Ihr tut,
   wie Ihr lebt,
   wie Ihr denkt,
kann den Zustand der Welt verbessern oder verschlimmern.

Jedes winzige Sandkorn wird gebraucht, um den Meeresstrand
zu bilden,
jeder kleine Wassertropfen trägt zum Ozean bei;
was Ihr mit Euren Gedanken macht, trägt bei zum Wohl oder Wehe
der Welt
— habt Ihr das je bedacht?

Je mehr Ihr der Welt liebevolle, positive und konstruktive
Gedanken schenkt,

desto mehr erkennt Ihr, wie wirklich wundervoll und schön die
Welt ist, in der Ihr lebt.
    Ihr seid alle ein Teil von ihr,
    Ihr seid alle ein winziger Teil des gewaltigen Ganzen
    und Ihr habt Euren ganz bestimmten Teil beizutragen.
Je schneller Ihr das erkennt,
    desto eher wird die Welt sich verändern.

Laßt Euch nicht mehr in den Strudel weltweiten Denkens
    von Chaos und Verwirrung,
    von Zerstörung und Verwüstung hineinziehen
— konzentriert Euch auf das Wunder und die Schönheit der Welt
                                        ringsumher,
und fangt gleich jetzt damit an.

Seid dankbar für alles,
    segnet alle Menschen, denen Ihr begegnet,
        seht nicht mehr das Schlechteste in den Menschen,
                            den Dingen,
                                den Umständen,
sondern haltet immer nach dem Besten Ausschau.
Konzentriert Euch auf das Beste
und seht die wunderbaren Veränderungen,
die um Euch herum geschehen.

Ihr könnt es
    und Ihr könnt heute damit anfangen,
        tatsächlich könnt Ihr jetzt gleich damit beginnen.

Das heißt nicht, daß Du wie der Vogel Strauß den Kopf in den Sand
stecken und den Realitäten der Welt nicht ins Gesicht sehen sollst
— es heißt nur, daß Du in allem und jedem nach dem Besten schauen
    und Dich darauf konzentrieren sollst.

Du bist eine kleine Welt in Dir selbst.
Wenn da, tief in DEINER kleinen Welt
                    Frieden,
                    Harmonie,

Liebe
und Verständnis
herrschen,
dann wird sich das außen widerspiegeln,
in der Welt überall um Dich her.

Fang damit an, Dein eigenes Haus in Ordnung zu bringen,
ordne Dein Denken und Dein Leben neu
und hör auf, mit dem Finger auf andere zu deuten
und ihre Fehler und Schwächen aufzuzeigen.
Du hast mit Dir selbst mehr als genug zu tun.
Wenn Du das kannst,
dann fängst Du an, der ganzen Welt zu helfen.

Fang gleich jetzt an, die Welt, in der Du lebst, zu lieben,
Dich wirklich voll und ganz an ihr zu freuen
und ihre Wunder und Schönheiten in Dich aufzunehmen.

Sie ist voller Kraft und voll von Gutem.
Es ist eine ganz, ganz wundervolle Welt
und Du bist außerordentlich gesegnet und bevorzugt, weil
Du in ihr leben darfst.

Es ist an Dir, den Himmel auf die Erde herunterzubringen.
Was trägst Du dazu bei?
Hör auf, zu erwarten, daß die Anderen etwas tun
und fange selbst damit an.

Seid keine Heuchler.
Ihr könnt nicht sagen, Ihr liebt Mich und Eure Mitmenschen hassen,
    denn Liebe und Haß sind wie Öl und Wasser
    — sie vermischen sich nicht.

Wenn Ihr Mich wirklich liebt,
    dann liebt Ihr auch Eure Mitmenschen,
        dann liebt Ihr Euch untereinander,
            dann habt Ihr Mitgefühl und Verständnis füreinander.
Und wenn Ihr einander liebt,
dann liebt Ihr Mich
— beides ist so eng verbunden, daß es nicht getrennt werden kann.

Liebe ist so stark
    und doch so zart.
Kein Mensch hat größere Liebe als der, der sein Leben für seine
Freunde hingibt.
Wie groß ist Eure Liebe füreinander?
Seid Ihr bereit, Euch füreinander aufzugeben?
Seid Ihr bereit, mit dem anderen diese zweite Meile zu gehen,
ganz gleich wie beschäftigt oder müde Ihr seid?

Liebe bedarf keiner Worte,
    man sieht und fühlt sie im Tun,
        und sie strahlt von Euch aus
            — Ihr seid Liebe.

Liebe ist die Sprache der Stille,
    sie kann ohne ein gesprochenes Wort verstanden und
                                    angenommen werden,
        sie ist eine internationale Sprache,
            die das Herz versteht,
                nicht der Verstand.

Ganz gleich, welcher Nationalität Ihr seid,
    Ihr könnt immer Liebe aussenden,
        in vollkommenem Schweigen könnt Ihr sie übermitteln.

Eure Augen,
Eure Herzen,
Eure Haltung,
Euer ganzes Sein kann ausdrücken, was Ihr füreinander fühlt.

Wenn die Liebe im Herzen aller Menschen frei fließt,
    dann gibt es keinen Haß, keine Eifersucht, keinen Krieg und
    keine Zwietracht mehr,
        dann herrscht Frieden.
Ohne Liebe gibt es keinen Frieden,
                kein Verstehen.
Liebe könnt Ihr nicht aus Büchern lernen,
    man kann Euch nichts darüber sagen.
        Ihr müßt einfach Liebe SEIN
        und Euer Herz öffnen
        und sie frei fließen lassen.
Liebe kommt von Mir,
ICH BIN LIEBE.

Erhebt Euer Bewußtsein,
    vergeßt Euch selbst,
        denkt an die Anderen,
            gebt und dient den Anderen,
                und Ihr werdet Freude und Liebe ausstrahlen.
                Wenn Ihr lernt, Anderen zu dienen und zu geben,
                dann öffnet das Eure Herzen
                und hält sie offen.

Je mehr Ihr frei und freudig gebt,
    je mehr Liebe Ihr ausströmt,
        desto mehr Liebe zieht Ihr an.

Ihr könnt nicht lieben, ohne geliebt zu werden;
    es ist ein steter Austausch,
        ein Geben und Empfangen.
            Je mehr Liebe Ihr gebt,
            umso mehr werdet Ihr empfangen.
So ist das Gesetz.

Seid nie entmutigt, wenn Eure Liebe nicht sofort erwidert wird.
Wißt einfach, früher oder später wird es geschehen,
und laßt Eure Liebe immer weiter fließen,
ganz gleich, wie die Antwort ist,
denn am Ende schmilzt auch das härteste Herz.

Liebe gibt sich nie mit einem 'Nein' zufrieden;
Liebe gibt nie auf.
    Liebe ist nicht wie die Schnecke,
    die sich zurückzieht, wenn sie zurückgestoßen oder abgewiesen
                                            wird.
        Sie hält die andere Wange hin
        und liebt einfach weiter.

Kannst Du das?
    Du kannst es nicht aus eigener Kraft,
    aber mit Mir kannst Du alles.
        Suche immer Meine Hilfe
        und Ich werde sie Dir nicht verweigern,
und Du wirst merken, daß Du lieben kannst,
                        und lieben
                            und immer weiter lieben,
ohne jede Schwierigkeit.

Euer Leben ist Mein Leben, durch Euch gelebt.
Ihr seid Meine Hände und Füße,
und Ich brauche jeden von Euch, um in ihm und durch ihn
zu wirken.
Ihr seid alle verschiedene Aspekte des Ganzen
und alle werdet Ihr in Eurer Verschiedenheit dringend gebraucht.
Entzieht Euch nie;
glaubt nie, Ihr würdet nicht gebraucht
und jemand anderer könnte Euren Platz einnehmen.

Jeder von Euch hat dem Ganzen etwas Einzigartiges zu geben,
deshalb laßt Euch einsetzen.
Gebt Euren Teil dazu, was immer er ist, von ganzem Herzen
und findet Euren rechtmäßigen Platz in diesem ganzen
riesigen, verschlungenen Muster des Lebens.

Seid zutiefst dankbar dafür,
daß Ihr auf diese ganz besondere Weise gebraucht werdet,
Eure eigene unverwechselbare Weise.

Hast Du gefunden, was Du dem Ganzen beisteuern kannst?
Fühlst Du, wie Du Dich vollkommen in das Ganze einfügst?
Oder hast Du noch das Gefühl, Du stehst am Rande und
schaust hinein
und fragst Dich, wo Du hingehörst?
Geh einfach hinein,
so findest Du schnell und leicht Deinen richtigen Platz.
Wenn Du einmal Teil dieses Ganzen bist,
dann wirst Du gern Dein Bestes geben.
Du wirst Dir wünschen, Deinen Platz zu finden,
und Du wirst genau wissen wollen, wohin Du gehörst.

Oft habe Ich das mit einer Uhr und ihren vielen Teilen verglichen
— jedes Teilchen wird gebraucht, damit die Uhr immer richtig
geht;
und nur wenn jedes Teilchen an seinem rechten Platz seine ganz
spezielle Arbeit tun, ist eine präzise Zeitangabe gewährleistet.

Ihr könnt nicht alle Zeiger oder Zifferblatt der Uhr sein,
die Teile, die immer von aussen gesehen werden.
Die winzigen Schräubchen und Zahnräder sind genauso wichtig
— die Federn und Schräubchen, die ausser dem Uhrmacher
niemand sieht
— sie müssen auch da sein, damit die Uhr richtig geht.

Versucht nie, zu sein wie jemand anderer.
    Seid einfach Euch selbst
        und leistet Euren Teil, was immer er ist.
Ärgert Euch nicht, weil Ihr im Hintergrund verborgen bleibt,
unbeachtet von den Vielen.
Erkennt einfach, daß Ihr auf Eure eigene stille Art
für den harmonischen Ablauf des Ganzen sehr wichtig seid.

Seid bei allem, was Ihr zu tun habt, mit ganzem Herzen dabei,
    und habt Freude daran.
        Seid glücklich zu sehen, wie harmonisch das Ganze läuft
            und wißt, daß Ihr Euren Teil dazu beitragt.

Jeder Mensch sehnt sich danach, gebraucht zu werden,
    möchte wirklich nützlich sein.
        Wenn Ihr merkt, Ihr werdet gebraucht,
            dann beginnt Ihr zu wachsen,
                zu blühen und zu gedeihen
                    und gebt gern Euer Bestes.

Denkt immer daran, daß Ich Euch brauche;
    übergebt Euch Mir jeden Tag aufs Neue,
        sodaß Ich Euch nach Meinem Willen einsetzen kann,
            und wachst dabei an Kraft und Größe.

Nehmt Eure Verantwortungen freudig auf Euch,
was immer sie sein mögen.
    Leben ist echte Freude,
    wacht auf und erkennt es.
    Ihr seid unendlich gesegnet,
    begreift auch das.

Nehmt absolut nichts als selbstverständlich hin,
    denn dann stirbt das Leben für Euch ab,
    und alle Freude schwindet daraus.
Seid stets für alles dankbar
und werdet Euch wirklich all Eures Segens bewußt.

Ihr wißt, was Ihr tun müßt: tut es zu Meinem Ruhm
und zu Meiner Ehre
und deshalb vollkommen.

"Was Du nicht willst, das man Dir tu', das füg' auch keinem
Andern zu."

Niemand möchte gern verletzt oder geringschätzig behandelt
                                                    werden,
    niemand wird gern übersehen
        oder bekommt gerne das Gefühl übermittelt,
        ungeliebt oder unerwünscht zu sein.
Deshalb behandle Deine Mitmenschen mit Liebe und Achtung.
    Versuche, sie zu verstehen,
    und sei bereit, die zweite Meile mit ihnen zu gehen,
    wenn es nötig ist.
    Sei sehr tolerant;
    sehr geduldig und liebevoll.
So möchtest Du selber behandelt werden,
deshalb handle so, wie Du es Dir von Anderen wünschst.

Gib ein Beispiel
und achte darauf, ein wirklich gutes Beispiel zu sein
— nicht, weil Du meinst, es wird von Dir erwartet,
sondern weil Du es wirklich willst und Dich von ganzem Herzen
danach sehnst, in allem, was Du tust, sagst oder denkst,
Dein Höchstes und Bestes zu geben.
Je mehr Du Dir das wünschst,
desto leichter ist es zu erfüllen.

Sei nie mit etwas Mittelmäßigem
                    oder Halbherzigen zufrieden;
achte darauf, daß alles, was Du tust, von höchster Qualität ist,
      daß Du aus reinen Motiven handelst,
          daß nichts Selbstsüchtiges in Deinem Tun ist
             und Dein kleines Ich nicht im Mittelpunkt steht.

Nimm Dir Zeit, Dein Herz zu erforschen
      und werde Dir darüber klar, warum Du tust, was Du tust
      und weshalb Du dort bist, wo Du bist,
          und gib Dir selbst eine ehrliche Antwort.

Es ist jetzt wichtig, daß Ihr an Eurem rechten Platz seid
      und das Richtige tut,
          denn dies sind entscheidende Zeiten.
Es geschieht so viel auf vielen verschiedenen Ebenen
      und jeder wird an seinem rechten Platz gebraucht.
          Es ist wie ein riesiges Puzzle, das zusammengesetzt wird,
             und für jedes kleinste Teilchen gibt es einen richtigen Platz.

Bist Du an Deinem rechten Platz?
      Nur Du allein kannst das wissen.
Fühlst Du Dich wohl mit den Schwingungen um Dich herum?
Spürst Du, daß Du Dich vollkommen in das Ganze einfügst,
      daß kein unreiner oder disharmonischer Klang
      bei allem, was Du tust
      und wie und wo Du lebst, von Dir ausgeht?

Du mußt auf einen ungeheuren Ausbruch von Licht gefasst sein
und wenn Du nicht vorbereitet bist,
wird er Dich aus dem Gleichgewicht werfen.

In Dir muß Friede,
        Harmonie
            und Ruhe herrschen,
damit Du standfest bist
und Dich auf das Kommende einschwingen kannst.

Deshalb mußt Du still sein
    und diesen Frieden in Deinem Innern finden, sodaß nichts und
    niemand ihn stören kann.
    Halte an ihm fest, ganz gleich, was außen geschieht.

Sei wie ein Anker,
    stark und beständig,
    tief innen festgemacht,
    unerschütterlich, sodaß kein Sturm Dich umwerfen
    oder von Deinem Platz vertreiben kann.

Halte fest,
    und wisse, alles ist sehr, sehr gut
    und alles verläuft nach Meinem vollkommenen Plan.

Wie wundersam sind Meine Wege;
    gehe sie
        und wisse, daß Dir so kein Unheil widerfahren kann.
Mach Dir nicht das Herz schwer,
    sondern lege all Dein Vertrauen, Deinen Glauben und Deine
    Sicherheit in Mich,
    tu, was getan werden muß,
        und geh Deinen Weg in Frieden.
Laß Mich jeden Deiner Schritte führen und lenken.

Ihr seid alle Glieder eines Körpers,
alle Teile des Ganzen
und jeder hat seine Rolle in dem Ganzen zu spielen.

Kritisiert einander nicht
und seid nicht unduldsam miteinander,
sondern erkennt, daß nicht zwei von Euch einander gleich sind,
noch habt Ihr alle dieselben Aufgaben,
sondern es bedarf vieler verschiedener Teile,
um das vollkommene Ganze zu bilden.

Habt Ihr je zugeschaut, wie eine Uhr auseinandergenommen wurde?
So viele verschiedene Teile bilden zusammen erst die Uhr;
und wie Ihr sie da vor Euch liegen seht
fragt Ihr Euch, wie sie je zu einer richtiggehenden Uhr
zusammengefügt werden konnte.

Wenn aber jemand, der etwas von Uhren versteht, jedes Teil
nimmt und an seine richtige Stelle setzt,
merkt Ihr, daß sie nicht nur geht,
sondern auch die richtige Zeit anzeigt.
Solange jedes winzige Teilchen an seinem rechten Platz bleibt
und seine Arbeit tut,
solange läuft alles reibungslos.

Nun wißt Ihr, warum Ich Euch immer wieder sage, Ihr sollt Euren
rechtmäßigen Platz in dem ganzen riesigen Plan des Lebens finden,
und wenn Ihr ihn gefunden habt, Euer Allerbestes geben.
Verschwendet nicht die Zeit damit, Euren Nachbarn
auseinanderzunehmen und Fehler an ihm zu finden;
Ihr habt wirklich schon mehr als genug damit zu tun, Euch selbst
auf dem geraden und schmalen Pfad zu halten, ohne noch Fehler
in Andern zu suchen.

Es gibt so viele verschiedene Wege zur Mitte,
und wenn sie alle in dieselbe Richtung gehen, sind sie richtig;
alle müssen sich frei fühlen, den Weg zu gehen, den sie
selbst gewählt haben,

und niemand soll auf einen Weg gedrängt werden,
der ihm nicht entspricht.
Alle Menschen haben freien Willen;
    was sie damit tun, bleibt ihnen überlassen.
    Sie können ihn zum Licht hinlenken
        und dem Lichte folgen,
            oder sie können den Weg zur Dunkelheit wählen
            und ihn in der Finsternis ertasten.
Das ist einfach jedem Einzelnen selbst überlassen.

Der göttliche Funke ist in jedem Einzelnen,
    aber in so vielen Menschen muß er erst entdeckt
    und zu einer Flamme entfacht werden.
        Der Funke muß erst erkannt werden,
        ehe er wirksam werden kann.
Wacht auf aus Eurem Schlaf,
erkennt das Göttliche in Euch,
hegt und pflegt es und laßt es wachsen und gedeihen.

Ein Samenkorn muß in die Erde gelegt werden, bevor es
                        wachsen kann.
    Es trägt all seine Möglichkeiten in sich,
    aber diese Möglichkeiten ruhen
bis ihnen die rechten Bedingungen zum Wachsen und Entfalten
                    gegeben werden.

Ihr alle habt in Euch das Reich des Himmels,
    aber solange Euch diese Wahrheit nicht aufgeht
        und Ihr anfangt, danach zu suchen,
        werdet Ihr es nicht finden,
            es wird Euch verborgen bleiben.

Es gibt so viele Menschen in diesem Leben,
die sich dieser Tatsache verschließen
und sie gleichen Samen, die verpackt sind und in Regalen liegen.

Ihr müßt Eure Fesseln sprengen wollen,
um frei zu sein.

Sobald dieser Wunsch in Euch erwacht,
  werdet Ihr jede mögliche Hilfe empfangen;
aber diese Sehnsucht muß zuerst in Euch aufbrechen.

Könnt Ihr akzeptieren, daß Ihr
  alle Macht,
  alle Weisheit
  und alle Einsicht in Euch habt?
Oder ist das noch Theorie für Euch?
Seid Ihr noch immer nur Hörer Meines Wortes und tut es nicht?
  Wollt Ihr wirklich eine Macht in der Welt sein,
    wollt Ihr fähig sein, Anderen zu helfen und sie aufzurichten?

Dann müßt Ihr lernen, dem Allerhöchsten in Euch treu zu sein.
Ihr müßt nicht nur akzeptieren, sondern auch ohne den leisesten
Zweifel wissen,
daß Ich in Euch bin,
daß Ich alle Dinge vermag.
  Nichts ist unmöglich mit Mir,
  und mit diesem innersten Wissen
  könnt Ihr jede Situation meistern
  und Euch über alles hinwegsetzen, was Euch im Wege steht.

Lernt, nach dieser inneren Stimme zu handeln
  und laßt Euch nicht von äußeren Umständen beeinflussen,
    noch von den Menschen um Euch herum.
Es ist so viel einfacher, der Menge zu folgen
  als dem eigenen, ganz persönlichen Weg,
    von dem man weiß, er ist der richtige.

Um so leben zu können, bedarf es innerer Kraft und Überzeugung,
und die muß jeder Einzelne suchen
und in sich selbst finden.

Seid niemals dickköpfig oder halsstarrig
— das hat mit Stärke und Vertrauen nichts zu tun,
nichts mit innerem Wissen und innerer Überzeugung.
Das bedeutet nur, äußere Macht und Autorität behaupten
zu wollen,
und dabei kann nichts Gutes herauskommen.

Wenn Ihr wißt, daß etwas richtig für Euch ist,
dann braucht Ihr nicht zu versuchen, Andere oder Euch selbst
davon zu überzeugen;
seid nur stark und guten Mutes,
geht los und tut es, ganz still und unauffällig
und laßt nichts und niemanden Euch von Eurer Bahn abbringen.
Bleibt tief innen in vollkommenem Gleichgewicht,
dann kann Euch nichts erschüttern.

Schöpft aus der unendlichen Quelle von Kraft und Stärke in Euch
und Ihr werdet scheinbar übernatürliche Dinge vollbringen,
einfach weil Ihr mit Meinen göttlichen Gesetzen arbeitet.

Wenn Ihr das tut, kann alles geschehen,
denn Meine Gesetze sind die Schlüssel, die alle Türen öffnen
und alles möglich machen.

Erkennt sie als Meine Gesetze,
und versäumt nie, zutiefst dankbar dafür zu sein,
und benutzt sie zu Meiner Ehre und Meinem Ruhm
und zum Wohle des Ganzen
— dann können aus ihrem rechten Gebrauch nur die wunderbarsten
Dinge entstehen
und alle werden Gewinn davon haben.

Macht, die unter Meiner Führung richtig gebraucht wird,
kann den Lauf der Geschichte ändern,

den neuen Himmel und die neue Erde schaffen
und Leben hervorbringen,
Leben
und noch mehr Leben.

Falsch angewandt jedoch bringt sie nur Verwüstung und Zerstörung.
Mit Macht darf nicht gespielt werden;
sie muß mit großem Verantwortungsbewußtsein gehandhabt werden,
   so sorgsam, wie Ihr mit Elektrizität umgeht,
      die, richtig genutzt, der Menschheit große Hilfe und großen
      Nutzen bringt,
      falsch angewendet jedoch zerstört und verwüstet.

Ich bin Macht.
   Ich halte die ganze Schöpfung in Meiner Hand,
      und Ihr alle seid Teil dieses Ganzen.
Geht ein in das Ganze,
und findet darin Euren rechtmäßigen Platz.

Ich bin der Erste und der Letzte,
der Anfang und das Ende.
Ich bin in allem und jedem.
Es gibt nichts, wo Ich nicht bin.
Stimmt Euch ein auf das ICH BIN des Universums,
   und seid eins mit allem Leben,
      und fangt jetzt damit an.

Seid eines Herzens,
   eines Sinnes,
   eines Geistes.

Findet vollkommenen Frieden und vollkommene Harmonie in
Eurem Inneren
   und strahlt sie aus.
   Der Friede beginnt im Inneren.
Er ist da in jeder Seele,
   wie ein winziges Samenkorn, das darauf wartet, zu keimen,
                                    zu wachsen
                              und zu blühen.
Es muß nur die richtigen Bedingungen bekommen,
die richtige Umgebung,
die richtige Behandlung,
ehe es beginnen kann zu wachsen.

Seid still und schafft die richtigen Voraussetzungen,
seid still und gebt ihm die Chance, Wurzeln zu fassen.
Wenn es erst eingewurzelt ist, wird es weiterwachsen,
aber in seinen zarten Anfängen braucht es Hilfe und Pflege.

Ihr habt den Schlüssel zum Frieden der Welt in Eurem Inneren,
fangt deshalb gleich jetzt an, ihn richtig zu benutzen.
   Er ist schwer zu bewegen
   und das Schloß ist vom wenigen Gebrauch rostig;
      gießt das Öl der Liebe hinein
         und beginnt, den Schlüssel zu drehen.
Es wird vielleicht eine Weile dauern, bis das Schloß genug geölt ist
und der Schlüssel sich leicht drehen läßt,
aber je mehr Liebe Ihr hineingießt,
desto leichter wird er sich drehen lassen.

Verschwendet nicht die Zeit damit, auf das Chaos und die
Verwirrung der Welt zu schauen,
sondern fangt an, Euer inneres Ich in Ordnung zu bringen.

   Tut ganz einfach Meinen Willen.

Ihr braucht nicht viel darüber zu reden, sondern braucht ihn
einfach nur zu leben.
   Verwandelt das Chaos und die Verwirrung
   in Eurem eigenen Leben
      in Frieden,
         Heiterkeit
            und Ruhe,
und werdet ein nützliches Glied der Gesellschaft und der Welt,
in der Ihr lebt.
Fangt bei Euch selber an;
hier könnt Ihr etwas tun,
und dann arbeitet nach außen.

Viel zu viele Menschen verschwenden Zeit und Kraft damit,
die Schuld an den Übeln der Welt auf andere zu schieben,
anstatt zu erkennen,
daß sie etwas ändern können, indem sie bei sich selbst beginnen.
Bringt zuerst Euer eigenes Haus in Ordnung,
dann könnt Ihr Eurem Nachbarn helfen.

Wenn man einen Stein in die Mitte eines Teiches wirft,
   dann breiten sich die Wellen weiter und weiter aus,
      aber sie gehen von diesem Stein aus,
         von diesem Mittelpunkt.
Fang bei Dir selbst an,
   dann kannst Du Frieden,
         Liebe,
            Harmonie und Verstehen
auf alle Menschen um Dich herum ausstrahlen.

Geh jetzt zum Handeln über,
es gibt keine günstigere Zeit als die Gegenwart.
   Du möchtest Veränderungen sehen:
      fang an, Dich selbst zu verändern.
         Du verlangst nach einer besseren Welt,
                     einer besseren Gesellschaft:
            Tu etwas dafür,
               zeige nicht mit dem Finger auf die Anderen,

sondern schau nach innen;
erforsche Dein eigenes Herz,
arbeite an Deinen Fehlern
und finde die Antwort in Deinem Inneren.
Dann erst kannst Du Deinem Nachbarn
und allen, die Dir begegnen
eine wirkliche Hilfe sein.

Die Veränderung beginnt beim Einzelnen
und greift dann über auf die Gruppe,
die Gemeinschaft,
die Stadt,
das Land,
die Welt.
Ganzheit im Innern schafft Ganzheit außen.
Sucht und findet diese Ganzheit,
diese Einheit,
diese Übereinstimmung mit allem Leben.
Wenn Ihr sucht, werdet Ihr finden,
denn Ihr findet in allen Dingen Mich,
und die Freude wird groß sein.

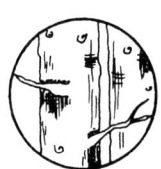

Lernt es, alles, was Euch gegeben ist, wirklich zu schätzen und
zu hüten.
Lernt, treue Verwalter all Meiner guten und vollkommenen
Gaben zu sein.
Das könnt Ihr nur, wenn Ihr lernt, das Ganze in Euer Herz
aufzunehmen,

wenn Ihr erkennt, daß alles, was Ihr habt, von Mir kommt
und es deshalb sehr sorgsam und liebevoll behandelt.

Wenn Ihr in einer Gemeinschaft lebt
   ist dies eine sehr, sehr wichtige
      und doch sehr schwierige Lehre,
und zwar vor allem dann, wenn Ihr Eure Verantwortung nicht in
der rechten Weise auf Euch nehmt.

Euch wird nichts weiter gegeben werden, ehe diese wichtige Lehre
nicht gelernt ist — die Lehre, daß alles, was Ich Euch geschenkt
habe, gehegt und gepflegt sein will.

Ich gebe Euch großzügig,
aber es ist wichtig, daß Ihr Meine Gaben gut verwaltet.
Das bedeutet, daß Ihr allem, was hier ist, die rechte Aufmerksamkeit
widmen sollt,
   daß Ihr nichts selbstverständlich nehmen
      und keine Ansprüche stellen sollt;
daß jeder lernen soll, mit allen Dingen, die er benutzt, sorgfältig
umzugehen,
den kleinen wie den großen;
   wenn etwas repariert oder gewartet werden muß,
   so sollt Ihr selbst dafür sorgen, daß dies geschieht,
   und Euch nicht darauf verlassen, daß es schon irgendjemand
   tun wird
   — Ihr sollt Eure Verantwortung nicht abschieben.
      Wenn Ihr es nicht selber tun könnt,
      dann sucht die richtige Person, die es kann,
      und bittet um Hilfe.

Nehmt Euch die Zeit, Eure Einstellung zu allem, was Ihr habt,
   und zu allem, was Euch zum Gebrauch gegeben wird,
   zu überdenken;
      häufig wird für etwas, was leicht zu bekommen ist,
         nicht die rechte Sorgfalt aufgebracht,
         und Ihr kümmert Euch nicht wirklich darum,
weil Ihr nicht das Gefühl habt, es gehört Euch persönlich.

Diese Einstellung muß sich ändern,
  vor allem, weil Ihr in einer Gemeinschaft lebt.
Was Ihr habt, kommt von Mir,
  es ist ein Geschenk von Mir, Eurem Geliebten.
Wenn Ihr den Geber wirklich liebt,
werdet Ihr die Gaben sorgfältig pflegen.
Begreift Ihr das nicht?
  Wenn Ihr es versäumt, Euch um Meine Gaben zu kümmern,
  so spiegelt das Eure Einstellung zu Mir,
  dem Geber all dieser Gaben.

Liebe ist der Schlüssel zu all diesen Dingen:
  Liebe zu Mir,
    Liebe zum Ganzen,
      Liebe füreinander,
        Liebe zu allem.
Wenn Ihr wirklich wißt, was Liebe ist,
werdet Ihr nie versäumen, alles, was in Eurer Obhut ist,
zu lieben und zu pflegen.

Ihr gebt einem Kind kein kostbares Gut zum spielen,
  weil Ihr wißt, das Kind geht nicht sorgfältig damit um
    und wird es vermutlich kaputtmachen.

Ich kann Euch nicht alles geben, was für Euch bestimmt ist,
  bevor Ihr nicht lernt, darauf zu achten
    und es mit der nötigen Liebe und Sorgfalt zu behandeln.
Deshalb muß Ich geduldig warten, bis Ihr soweit seid,
  bevor Ich Euch immer mehr von Meinen Gaben schenken kann.

Ich habe Euch viele Male gesagt,
daß alle Meine guten und vollkommenen Gaben Euer sind,
  tatsächlich gehört Euch alles, was Ich habe;
      aber Ich habe immer hinzugefügt:
"Wenn Ihr es gelernt habt, Mich zu lieben und Mich in allen
Dingen an erste Stelle zu setzen".
Ich sage dies, weil Ich erst dann die Gewißheit habe,
daß Ihr wirklich für alles in der gebührenden Weise sorgen werdet.

ENTFALTUNG

Freude,
große Freude bringe Ich Dir heute,
 denn Du siehst, wie Mein vollkommener Plan sich entfaltet,
 wie eine herrliche Blume in den Strahlen der Sonne;
Blatt für Blatt wirst Du seine Schönheit und Vollkommenheit
                                                                    schauen
 und wirst Dein Herz erheben zu seiner Herrlichkeit
  und ein Lied des Lobes, der tiefen Verehrung und des Dankes
  singen für alles, was Du siehst.

Gewaltiges geschieht in diesen Tagen
 und Du bist ein Teil dessen, was geschieht.

Du bist einer der Darsteller in diesem Schauspiel,
 sei bereit, Deinen Part zu übernehmen, wenn Dein
 Stichwort fällt.

Suche in Deinem Inneren, und Du wirst die Antwort finden.
Die Wahrheit ist wie ein Diamant mit vielen Facetten —
   jede seiner Facetten gehört zum Ganzen,
   aber alles hängt davon ab, von welcher Seite Du ihn betrachtest.
Jede Seele sieht die Wahrheit von einem anderen Gesichtspunkt.
Es gibt eine Zeit auf dem Weg jedes Menschen,
wo er allein vor Mir steht
und das ICH BIN in seinem Inneren ohne jede Hilfe, Anleitung oder
Unterstützung durch einen Anderen erkennen muß.

Ich möchte, daß Du einen Augenblick innehältst
und an einen Schmetterling denkst, der aus der Behaglichkeit und
Sicherheit seiner Puppe ausschlüpft.
Angenommen, der Schmetterling hielte in seinem Ausschlüpfen
inne und sagte:
 "Nein, ich kann diesen Ort nicht verlassen,
 ich weiß nicht was da draußen alles ist."
Angenommen er hielte an und weigerte sich, auszuschlüpfen,
was würde geschehen?
Er würde seine eigene Entwicklung versäumen,
und wenn er in seiner Puppe bliebe, würde er ganz einfach
austrocknen und absterben.

So ist es auch mit Dir!
Die Weigerung, voranzugehen,
aus Angst vor dem Unbekannten
würde ganz gewiß Deine Entwicklung aufhalten.

Liebe eröffnet Dir eine neue Welt.
Wenn Du liebst, siehst Du die Welt mit anderen Augen,
viel größer, viel schöner.
Wenn Du eine Blume mit Liebe anschaust,
  siehst Du ihre wahre Schönheit;
    sie ist dann nicht nur eine Blume,
    sondern ein Teil Meiner wunderbaren Schöpfung,
    Teil des Ganzen.
Du weißt dann, was Einheit bedeutet.

Jedes Mal, wenn Du innehältst und sagst, "Danke Geliebter",
  wirst Du Dir Meiner bewußt.
Jedes Mal, wenn Du fühlst, wie Dein Herz sich öffnet und
Liebe zu einem anderen Menschen fließt,
  wirst Du Dir Meiner bewußt.

Erweitere Dein Bewußtsein unaufhörlich,
bis Du Mich und Meine Gegenwart immer lebendig verspürst,
bis Du wirklich verstehst, daß Ich im innersten Kern Deines eigenen
Seins bin,
  daß es keine Trennung gibt,
  daß wir eins sind;
und dann laß Dein Bewußtsein niemals von dieser Wahrnehmung
abschweifen.

Mit jedem von Euch muß es eine vollkommen harmonische
Zusammenarbeit geben.
　In einem Orchester kann kein Spieler ausscheren
　　und persönliche Zuneigung oder Abneigung für den Dirigenten
　　ins Spiel kommen lassen
　　　und aus irgendwelchen persönlichen Gefühlen heraus sein
　　　Instrument hinwerfen
　　　　und sich weigern, zu spielen.

Deshalb ist vollkommenes Verstehen nötig, um vollkommene
Harmonie zu schaffen,
und alles Persönliche muß zurückgestellt werden.
Dies ist eine Tatsache,
und dieses Ziel wird erreicht werden,
aber es bedeutet auch, daß Du Dich in allen Dingen ernstlich
bemühen mußt.

Übung macht den Meister.
Ohne Übung
wirst Du nicht fähig sein, irgendetwas zu vervollkommnen.
　Ein Musiker muß üben
　　und üben,
　　　um Konzertreife zu erlangen;
ein Künstler muß üben,
　um sich beruflich zu qualifizieren;
ein Sportler muß üben,
　um olympisches Niveau zu erreichen;
wenn Du daher ein vollkommenes geistiges Leben erreichen willst,
mußt Du es im täglichen Leben praktizieren
　und üben — tagein, tagaus.

Jedes Organ im Körper hat seinen rechtmäßigen Platz,
   und wenn es arbeitet, wie es soll,
      ist der Körper heil und vollkommen.
Jeder Mensch hat seinen rechtmäßigen Platz im Plan der Dinge
   und wenn jeder dem Ganzen gibt, was er zu geben hat,
      dann geht das Werk in wahrer Vollkommenheit voran
         und Harmonie, Schönheit und Rhythmus herrschen
         überall.

Lebe für das Ganze,
denke an das Ganze,
gib dem Ganzen,
arbeite für das Ganze;
fühle Dich so als Teil des Ganzen
   und werde eins mit ihm,
      daß es keine Trennung gibt.
Alles wirkt dann in vollkommenem Einklang und in vollkommener
   Harmonie.

Finde Deinen eigenen Weg,
und gehe ihn in absolutem Glauben und Vertrauen.
 Versuche nicht, in den Fußstapfen anderer zu gehen
  und sie in ihrem Tun nachzuahmen. Das ist töricht.
Solange Du Deinen eigenen Weg nicht kennst
 wirst Du einen Weg nach dem anderen ausprobieren
  — suchen,
      suchen
          und immer suchen;
aber wenn Du schließlich Deinen Weg gefunden hast,
wird nichts und niemand Dich von ihm abbringen können,
 und dieser Weg wird Dich ans letzte Ziel führen:
  der Erkenntnis Deiner Einheit mit Mir.

Nimm Dir heute Zeit, in die Stille zu gehen
und finde heraus, was Du zu geben hast.
Erkenne, daß das Ganze aus vielen verschiedenartigen Teilen
besteht.

All die winzigen Schrauben, Rädchen und Federn bilden zusammen
eine Uhr und jedes winzige Teilchen muß genau an seinem rechten
Platz sein
und muß präzise arbeiten;
wenn auch nur ein Teil aus dem Zusammenspiel fällt,
bricht das Ganze auseinander.

Achtet darauf, daß Ihr alle an Eurem rechten Platz seid
und vollkommen
und in Harmonie und Rhythmus arbeitet.

Wahre Freude kommt, wenn Ihr gebt
und Euren rechten Platz findet.

Viel zu viele Menschen begnügen sich damit, einfach dazusitzen
    und anzunehmen, was Andere zu sagen haben,
        anstatt die Wahrheit in sich selbst zu suchen.
Sie ziehen es vor, die Lehren Anderer zu lesen und zu studieren,
    anstatt die tiefen geistigen Wahrheiten und Lehren
        tief in ihrem eigenen Inneren zu finden.

Jeder Mensch ist ein Mikrokosmos und ein Makrokosmos.
Jeder Mensch trägt alles, was er braucht, tief in sich selbst.

Fangt gleich jetzt an,
aus dieser unendlichen, ewigen Quelle zu schöpfen,
die keinen Anfang kennt und kein Ende.

Nur indem Du übst, stets in Meiner Gegenwart zu leben,
indem Du Dir Zeit nimmst, um mit Mir allein zu sein
und Meiner stillen, kleinen Stimme zu lauschen
und ihr zu gehorchen,
 beginnst Du, das Wunder Deiner Einheit mit Mir zu verstehen
 und Du fängst an, Meinen Himmel auf die Erde
herunterzubringen, für alle sichtbar.
Es ist nicht damit getan, darüber zu reden,
 sondern es muß im täglichen Leben sichtbar gemacht werden.

Ein winziger Funke kann ein riesiges Feuer entfachen.
Etwas ganz Kleines, mit einem Anderen geteilt, kann Licht und
Trost bringen,
wo nur Dunkelheit und Verzweiflung waren.

Handle nach Deinen inneren Eingebungen
und zögere nie,
denn sie sind vielleicht gerade der winzige Funke,
 der in einer Seele in großer Not
  ein Licht entfacht.

Verströme Liebe in jeder Situation
und sieh, was geschieht.
Um Liebe verströmen zu können,
mußt Du Dein Bewußtsein mit Liebe füllen,
mit positiven,
aufbauenden Gedanken;
Du mußt jede scheinbar negative Situation
in eine positive verwandeln,
aber
— tu es schnell.

Wenn Du eine Pflanze welken und sterben siehst, weil sie nicht
genug Wasser bekommt
und Du gibst ihr gleich zu trinken,
dann kannst Du sofort eine Veränderung in ihr sehen.
So ist es auch mit den menschlichen Beziehungen:
wenn Du siehst, sie sind angespannt und welken dahin,
dann gib ihnen sofort das Wasser Meiner göttlichen Liebe
und sieh, wie eine völlige Verwandlung stattfindet.

WEITERE LITERATUR AUS DEM GREUTHOF VERLAG:

Eileen Caddy
FLUG IN DIE INNERE FREIHEIT
Die Autobiographie der Mitbegründerin der Findhorn-Gemeinschaft

FLUG
IN DIE INNERE
FREIHEIT

DIE AUTOBIOGRAPHIE VON
EILEEN CADDY   FINDHORN

Greuthof

Dies ist eine außergewöhnliche Geschichte, erzählt von einer ganz gewöhnlichen Frau.

Eileen Caddy wurde weltweit als Mitbegründerin der Findhorn-Foundation im Norden von Schottland bekannt. Durch die spirituelle Tiefe und Weisheit ihrer Bücher fühlte sich eine Generation von Menschen zur Findhorn-Gemeinschaft hingezogen.

Ihre Fähigkeit zur Offenbarung stellte hohe Anforderungen an Eileens Leben, doch immer wieder entdeckte sie, daß die inneren Weisungen ihr einen lichtvollen Weg zeigten durch alle Höhen und Tiefen des Lebens hindurch und ihr halfen, die Schwierigkeiten und Mühen durchzustehen und daran zu wachsen.

Die Befreiung durch ihr Vertrauen, ihre feste Überzeugung und ihren unerschütterlichen Glauben, daß Gott in unserem Inneren ist, wurde Eileens Flug in die innere Freiheit, hinein in die offene Weite ihrer erfüllten Beziehung zu Gott.

316 Seiten, 2. Auflage

Eileen Caddy
HERZENSTÜREN ÖFFNEN

HERZENSTÜREN
ÖFFNEN
EILEEN CADDY   FINDHORN

Greuthof

»Laß das Gestern zurück und widme dich ganz dem neuen Tag, der, wie du weißt, nur das Beste für dich bereithält, und erwarte auch nur das Beste von Ihm. Sieh meine Hand in allem, was geschieht, und erkenne die Geburt eines neuen Himmels und einer neuen Erde.«

Dieser Jahrweiser enthält eine neue inspirierende Sammlung der Weisungen, die Eileen Caddy empfangen hat. Was sie innerlich erfuhr, wurde in ihrem Leben sichtbar, wurde lebendig, um in ihr und durch sie Gestalt anzunehmen. Für viele ist Eileen eine Freundin und Ratgeberin, die ihnen auf dem geistigen Weg zur Seite steht. Wer sich täglich mit diesen einfachen Lehren voller spiritueller Wahrheit und visionärer Kraft befaßt, dem können sie dabei helfen, sich geistig zu erneuern und Kraft zu gewinnen.

406 Seiten, mit stimmungsvollen Zeichnungen, 14. Auflage

Carol Riddell
DIE FINDHORN-STORY
Ein Menschenbild für das 21. Jahrhundert

Die Findhorn-Gemeinschaft wurde 1962 als eine der ersten erfolgreichen spirituellen Gemeinschaften unserer Zeit gegründet, und sie spielt eine wichtigere Rolle denn je in der weltweiten Wandlung zur Spiritualität hin. Welche geistige Inspiration hat ihre Entstehung möglich gemacht? Wie hat sie sich über die Jahre gewandelt und entwickelt? Wie wird sie organisiert und geführt? Welche Art von Menschen gehen nach Findhorn und warum, und welche Veränderungen erleben sie dort an sich selbst?

Carol lebt seit 1983 in Findhorn. Sie stellt die Findhorn-Gemeinschaft in den heutigen weltweiten Kontext und zeigt auf, wie der Prozeß, ein neues spirituelles Menschenbild zu schaffen, in Findhorn ständig fortschreitet, im Zusammenleben und in der Arbeit, im Alltag und im ewigen Augenblick.

352 Seiten

Michael Dawson
IM URSPRUNG LIEGT DIE HEILUNG
Der KURS, die Vergebung und die Praxis

Wirkliche Heilung ist kein körperlicher, sondern ein zutiefst geistiger Prozeß: »*Es sind nur deine Gedanken, die dir Schmerz verursachen ... Niemand außer dir beeinflußt dich.*«   EIN KURS IN WUNDERN

Michael Dawson ist bekannt durch seine Heiler- und Lehrtätigkeit in der Findhorn-Gemeinschaft, Schottland. Seit vielen Jahren hat er seine Arbeit nach den Grundsätzen von *Ein Kurs in Wundern* ausgerichtet.

Er vermittelt uns hilfreiche und in jeder Situation anwendbare Einsichten zum Thema Heilung und Einswerdung in Verbindung mit *Ein Kurs in Wundern* und macht uns klar, daß Heilung immer im Geist, durch Vergebung, geschieht.

»Die wahre Funktion des Heilers liegt darin, den Klienten durch sein Beispiel und seine Präsenz daran zu erinnern, daß er nach wie vor so ist, wie GOTT ihn schuf.«

Mit seiner leichtverständlichen und liebevollen Sprache gibt uns der Autor wesentliche Einblicke in den *Kurs*. Die eigenen bewegenden Lebenserfahrungen und viele praktische Anleitungen machen dieses Buch zu einem einfühlsamen Wegweiser. Michael Dawson eröffnet uns im wahrsten Sinne des Wortes eine heilsame Lektüre.

185 Seiten mit vielen Grafiken

Lee Coit
NACH INNEN HÖREN
Anleitung zum Wahrnehmen der inneren Stimme

Wir alle haben eine innere Stimme, einen Führer, der uns beisteht, wann immer wir ihn brauchen. Eine Stimme, die ein Quell der Wahrheit ist und Antwort auf unsere Fragen geben kann.

Wenn wir uns unserer inneren Stimme bewußt werden und auf sie hören, wird daraus eine große Ruhe und Zufriedenheit entstehen. Lee Coit bezieht sich auf den *Kurs in Wundern* und beschreibt Wege, um die innere Stimme zu finden. Er zeigt auf, daß sie ganz nahe ist, näher als unsere eigenen Gedanken. Wir lernen, wie wir auf diese Stimme vertrauen können und wie sie unserem Leben eine Ausrichtung geben und dabei helfen kann, Entscheidungen zu treffen.

Auf unsere innere Stimme hören können wir jederzeit und überall – daraus erwachsen uns innere Sicherheit und Ausgewogenheit.

134 Seiten, 5. Auflage

Lee Coit
HÖREN UND ANNEHMEN
Anleitung zum Annehmen der Vollkommenheit

Auf unserem spirituellen Weg brauchen wir manchmal die ermunternde Einsicht, daß wir tatsächlich auch erleben können, was wir über fortgeschrittene Seelen lesen.

Lee ist kein Heiliger, er ist einfach ein Mensch, der sich alle Mühe gibt, in der Welt zu leben. Er bezieht seine Inspiration aus *Ein Kurs in Wundern*, und er hat den Mut, seiner inneren Stimme zu folgen. Lee hört nicht nur hin, er versucht auch in die Tat umzusetzen, was er hört, und zeigt uns damit den Weg.

Dies ist der Folgeband zu *Nach innen hören* und zugleich ein Anleitungsbuch, das auch Ihnen helfen kann, durch *Hören und Annehmen* den Weg nach innen zu finden und Ihre eigene innere Vollkommenheit zu entdecken.

174 Seiten, 2. Auflage

EIN KURS IN WUNDERN

Ein Kurs in Wundern ist ein beispielloses Unterrichts-werk, mit einem Theorie- und Übungsteil, das uns über eine schrittweise Veränderung der Wahrnehmung den Weg zur spirituellen Entwicklung weist. Dieses Werk verbindet auf einzigartige Weise tiefgründige spirituel-le Lehren mit psychologischen Einsichten. Es ver-gleicht unsere Existenz in dieser Welt mit einem Traum, aus dem wir Schritt für Schritt herausgeführt werden. Tägliche Lektionen begleiten und unterstützen die per-sönliche Transformation.

Im Mittelpunkt der Lehren des *Kurses* steht die Ver-gebung, mit deren Hilfe die Hindernisse ausgeräumt werden, die der Liebe den Weg versperren. Nur dadurch können wir uns von dem Glauben an Angst und Schuld befreien und unser wahres Wesen wieder-finden, den inneren Frieden und das Einssein jenseits von Raum und Zeit.

1320 Seiten, gebunden, 3. Auflage

Kenneth Wapnick
Einführung in EIN KURS IN WUNDERN
Betrachtungen über einen anderen Weg zum inneren Frieden

Kenneth Wapnick faßt hier in hervorragend klarer, prä-gnanter und knapper Weise die wichtigsten Grundprin-zipien von *Ein Kurs in Wundern* zusammen: Nach einer kurzen Betrachtung über die Entstehung des *Kurses* werden die beiden im *Kurs* erläuterten Denksysteme (des Ego und des Heiligen Geistes) intensiv beleuchtet. Die Wirkungen, die von jedem der beiden Denksysteme zu erwarten sind, werden detailliert erläutert. Schließlich wird dem Leser der Weg aufgezeigt, der uns aus dem Leiden hinausführt: die Vergebung.

Die *Einführung* vermittelt uns sehr anschaulich und lebensnah die Prinzipien des *Kurses*. Sie enthält außer-dem Fragen und Antworten zu Themen, die uns alle bewegen.

154 Seiten, 5. Auflage

Kenneth Wapnick
DIE VERGEBUNG UND JESUS
Zentrale Lehren von Christentum und *Ein Kurs in Wundern*

Im Mittelpunkt dieses richtungweisenden Werkes stehen Jesus und die wahre Bedeutung der Vergebung. Im ersten Teil erläutert der Autor eingehend und mit großer Klarheit die Funktion des Ego und die Bedeutung der Vergebung. Elementare Themen wie Krankheit, Ungerechtigkeit und Sexualität werden – aus der Sicht von *Ein Kurs in Wundern* – beleuchtet und anschaulich gemacht.

Im zweiten Teil zeichnet Kenneth Wapnick ein lebendiges Bild des vergebenden Jesus. Ausführlich werden die Lehren Jesu zur Vergebung und der Sinn der Kreuzigung behandelt – dabei werden viele Mißverständnisse ausgeräumt, die unser Jesusbild bis zum heutigen Tag trüben und verfälschen.

Welche Rolle Jesus heute in unserem Leben spielen kann und was es bedeutet, ihm zu folgen, das eröffnet uns der Autor in seiner klaren und einfühlsamen Sprache in den beiden letzten Teilen. Er ebnet uns damit einen unmittelbaren Zugang zu *Ein Kurs in Wundern* und zu neuem christlichem Glauben.

411 Seiten

Gloria und Kenneth Wapnick
DER HIMMEL HAT KEIN GEGENTEIL
Die wichtigsten Fragen zu *Ein Kurs in Wundern*

Das Studium von *Ein Kurs in Wundern* führt nicht nur zu neuen und überraschenden Einsichten, sondern wirft meist auch eine Reihe von theoretischen und praktischen Fragen auf. Für alle, die Ihr Verständnis des *Kurses* vertiefen möchten, haben die beiden Autoren hier die am häufigsten auftauchenden Fragen nach fünf zentralen Gesichtspunkten zusammengestellt.

Mit großer Präzision und Anschaulichkeit besprechen sie die wichtigsten Probleme im Umgang mit dem *Kurs* und räumen mögliche Mißverständnisse und Unsicherheiten aus. Den Lesern werden fundierte Antworten zu einer großen Themenvielfalt geboten, wie: Wo ist der Geist? Wie sind Welt und Körper entstanden? Was geschieht nach dem Tod? Werden Kinder unschuldig geboren? Was ist der Sinn und Zweck von Gebet? Darüber hinaus wird die Rolle Jesu im *Kurs* behandelt sowie der Umgang mit Text- und Übungsbuch erläutert. Ausführliche Zitate zu den jeweiligen Themen mit Erklärungen und Seitenverweisen erleichtern das Verständnis von komplexen Stellen im *Kurs* und helfen bei der eigenständigen Weiterarbeit.

202 Seiten, 2. Auflage

Kenneth Wapnick
WUNDER ALS WEG
Die 50 Grundsätze der Wunder in *Ein Kurs in Wundern*

Die 50 Grundsätze der Wunder bilden den Auftakt zu *Ein Kurs in Wundern*, einem der bedeutendsten geistigen Lehrwerke unserer Zeit, das auf einzigartige Weise Psychologie und Spiritualität miteinander verbindet. Diese Grundsätze sind deshalb so wichtig, weil in ihnen im Keim bereits die ganze Lehre des *Kurses* enthalten ist.

Kenneth Wapnick erläutert sorgfältig Schritt für Schritt jeden einzelnen Grundsatz, wobei er auch ausführlich auf relevante Fragen eingeht. Es wird deutlich, daß Wunder nicht die äußeren Umstände verändern, sondern unsere falsche Wahrnehmung unserer selbst und der Welt berichtigen. Der Leser erhält einen tiefen Einblick in das Denksystem des Kurses und erfährt, wie man Wunder in das tägliche Leben einfließen lassen und zum inneren Frieden finden kann.

191 Seiten, 2. Auflage

DER VERGESSENE GESANG
Die Entstehungsgeschichte von *Ein Kurs in Wundern*

Ein Kurs in Wundern wurde zwischen 1965 und 1972 von Dr. Helen Schucman, einer angesehenen Psychologieprofessorin, niedergeschrieben aufgrund einer »Stimme«, die sie hörte und die ihr den gesamten Text diktierte. Von Anfang an stand ihr dabei Dr. William Thetford, Professor an der New Yorker Columbia-Universität, zur Seite. Dieser authentische Dokumentarfilm in deutscher Fassung, wurde an den Orten des Geschehens gefilmt und zeichnet die Erlebnisse Helen Schucmans nach. Er schließt nachgespielte Szenen aus ihren Visionen und Träumen ein, die zur Niederschrift des *Kurses* führten, sowie wörtliche Abschnitte aus ihrer unveröffentlichten Autobiographie.

VHS-Video, 60 Minuten, 5. Auflage

Gerald G. Jampolsky
MINIKURS

MINIKURS

Eine Anleitung zur Heilung
von Beziehungen und zum
Erlangen des Geistesfriedens

Gerald G. Jampolsky

Greuthof

Der *Minikurs* enthält praktische Übungen zur Heilung von Beziehungen und zum Loslassen der Angst, die sich unserem Geistesfrieden in den Weg stellt. Ebenso wie *Ein Kurs in Wundern* ausführlich darlegt, verdeutlicht der *Minikurs,* daß wir tatsächlich die Wahl haben, Frieden oder Konflikt zu erfahren.

Der Autor, Gerald G. Jampolsky, ist Begründer und psychiatrischer Berater des Center for Attitudinal Healing in Tiburon in Kalifornien und weltbekannt als Autor zahlreicher Bücher. Hier hat Gerald einige wichtige Zitate aus dem Werk *Ein Kurs in Wundern* ausgewählt und zu einem 18tägigen Übungsprogramm zusammengestellt. So bekommen wir einen guten Einblick in die Lehrweise des *Kurses* und eine Kostprobe von dessen geistiger Klarheit und Schönheit.

Leporello und 18-Karten-Set, 3. Auflage

DAS SPIEL DER WANDLUNG

Dieses Spiel erlaubt uns, auf anregende und fröhliche Weise mehr über uns und andere zu erfahren. Es spiegelt die Lebenssituation der Spieler treffend wider, läßt Selbsterkenntnis und Wachstum zum spannenden Krimi werden und macht riesigen Spaß.

Weil das Spiel der Wandlung jedes Problem mitten ins Herz trifft, wird es uns immer wieder helfen, wichtige persönliche Fragen zu klären und unmittelbare Führung für unseren nächsten Schritt zu erlangen.

Wir können neue Wege finden, mehr Reichtum in unsere Beziehungen zu bringen, unseren persönlichen Beitrag zu erkennen und unsere Fähigkeiten zu entwickeln. Jedes Spiel enthält einen kompletten Satz von 52 Engelkarten, die auch alleine benutzt werden können, als Anreiz zu individueller Kreativität und um unsere Fähigkeit zu erfüllenden Beziehungen zu fördern.

Von Joy Drake und Kathy Tyler in Findhorn entwickeltes Brettspiel, 3. Auflage, Spielbox 265 x 265 x 64 mm

ENGELKARTEN

Die Engel-Meditationskarten wurden von Joy Drake und Kathy Tyler in Findhorn entwickelt – zur Erforschung und Transformation des Bewußtseins. Sie enthalten 52 Schlüsselworte, die uns helfen, uns auf bestimmte Aspekte unseres inneren Lebens zu konzentrieren. Ob durch Meditation oder das Ziehen einer Karte, jeder Engel repräsentiert eine reine Qualität.

Engel geben uns die Möglichkeit, einer reinen Schwingung zu begegnen, die freudig und weise mit dem Lichte Gottes arbeitet. Jedes Engel-Set enthält eine Anleitung, wie die Karten in der Meditation und zur Stärkung und Verinnerlichung im täglichen Leben benutzt werden können.